· 河南省高校科技创新团队（18IRTSTHN018）
· 河南省高校科技创新人才支持计划（人文社科类）（2019-cx-012）
· 河南大学哲学社会科学创新团队培育计划（2019CXTD008）

RESEARCH ON THE IMPACT OF SOCIAL CAPITAL ON CONSUMER KNOWLEDGE SHARING IN THE ONLINE BRAND COMMUNITY

社会资本对在线品牌社区消费者知识分享的影响研究

张洁梅　朱青波　郑　夏◎著

中国经济出版社
CHINA ECONOMIC PUBLISHING HOUSE
北京

图书在版编目（CIP）数据

社会资本对在线品牌社区消费者知识分享的影响研究 / 张洁梅，朱青波，郑夏著. --北京：中国经济出版社，2020.5

ISBN 978-7-5136-6203-1

Ⅰ.①社… Ⅱ.①张…②朱…③郑… Ⅲ.①网络营销-品牌营销-研究 Ⅳ.①F713.365.2

中国版本图书馆 CIP 数据核字（2020）第 103277 号

责任编辑　贺　静
责任印制　巢新强
封面设计　华子设计

出版发行　中国经济出版社
印 刷 者　北京科信印刷有限公司
经 销 者　各地新华书店
开　　本　710mm×1000mm　1/16
印　　张　11
字　　数　136 千字
版　　次　2020 年 5 月第 1 版
印　　次　2020 年 5 月第 1 次
定　　价　69.00 元
广告经营许可证　京西工商广字第 8179 号

中国经济出版社 **网址** www.economyph.com **社址** 北京市东城区安定门外大街 58 号 **邮编** 100011

本版图书如存在印装质量问题，请与本社销售中心联系调换（联系电话：010-57512564）

前　言

李克强总理在2015年的政府工作报告中提出：要制定“互联网+”行动计划，推动移动互联网、云计算、大数据、物联网等与现代制造业结合，促进电子商务、工业互联网和互联网金融健康发展，引导互联网企业拓展国际市场。与此相适应，各个企业的发展也要符合新时代的要求。随着互联网通信技术的飞速发展，大量的在线品牌社区不断涌现，仅手机行业就包括小米社区、魅族社区、华为的花粉俱乐部等。许多消费者参与在线品牌社区，其主要目的就是通过网络平台来发表对产品的见解、分享信息或获取资源，消费者使用在线品牌社区进行沟通和知识分享已经越来越普遍。现在绝大多数企业都拥有了自己的在线品牌社区，但却没有深入发展，忽视了社区内容的挖掘与运营，因此无法有效激励用户产生有价值的知识并传播知识。关系性存在是品牌社区的突出特征，在线品牌社区本身就是一个社交网络，而中外的很多研究都实证检验了社会资本存在于社交网络中，并可以为社交网络中的成员带来便利，影响成员的行为和态度。基于此，为了使在线品牌社区中的成员能够进行有价值的知识分享，从而为企业带来更大的收益，我们进行了此次研究。本书在研究在线品牌社区时，引入了中国家文化的内容，将泛家意识作为国人对社区的独特心理意识，并实证分析这种意识在社会资本和知识分享间的中介作用。对这些问题的探讨，将有利于企业掌握社区成员的心理活动，从社会资本以及泛家意识角度入手，以此来提升成员的知识分享和知识创新能力。

本书采用定性分析与定量分析相结合的方法，以社会资本理论、中国家文化思想和社会认知理论为基础理论，结合案例分析和实证分析的研究方法，探究社会资本对在线品牌社区消费者知识分享的影响机制。我们将结构资本、认知资本作为自变量，将泛家意识作为中介变量，知识分享作为因变量，自我效能作为调节变量，构建研究理论模型，借助统计学软件 SPSS 和 AMOS 对收集到的数据进行处理，以此来了解各变量之间的关系。在此基础上，我们进行案例研究，对所选的五类在线品牌社区进行了消费者知识分享的剖析和原因探究，进而分析消费者在不同种类的品牌社区中感知到的社会资本和泛家意识对其知识分享行为的影响，以及企业在品牌社区中如何增加消费者的知识分享行为，为社区创造价值。

本书首先对相关概念进行了文献的回顾与分析，以明晰这一领域的研究成果和进展，进而提出本研究的问题。其次，在理论研究的基础上构建了本研究的模型并提出相应的假设，根据假设整理了本研究的主体量表并制作问卷，为实证分析的数据收集提供工具。再次，通过问卷调查收集数据，采用在线收集的方式，通过数据分析，对研究假设进行了检验，得出以下研究结论：①认知资本的两个维度（共同语言、共同愿景）均能显著促进消费者知识分享行为的产生。②结构资本的网络密度和认知资本两维度均对泛家意识（安全感、情感归属）有正向显著影响。③社区成员的泛家意识越强烈，消费者的知识分享行为就会越多。④泛家意识在认知资本两维度及消费者知识分享中起到部分中介作用。此外，本研究进行了五类在线品牌社区的案例研究，所选品牌社区为手机类的小米社区、机动车类的哈雷车主会、化妆品类的兰蔻玫瑰社区、家电类的海尔社区、娱乐类的网易云音乐社区，我们回顾了这五家公司和品牌社区的建立与发展，对五类社区的社区营销和消费者的知识分享进行了总结。

本书依据研究结论，对在线品牌社区管理提出了一些建议：①在建设社区时要适当运用家文化思想：规范社区成员的交流语言，对社区平台进行细分；在品牌社区中引入家文化的元素；改进和优化在线品牌社区系统；增强社区成员之间的联系。②利用大数据开展精准营销。③挖掘社区成员的潜在需求。④与社区成员共创品牌价值。

在本书写作过程中，马盈袖、于艳萍和杜亚曼等参与了案例收集和整理工作，在此表示感谢。

著 者

2019 年 7 月

目　录

1　绪　论 ………………………………………………………… 1
1.1　研究背景与意义 ………………………………………… 1
1.1.1　研究背景 ………………………………………… 1
1.1.2　研究意义 ………………………………………… 3
1.2　研究思路和内容 ………………………………………… 4
1.2.1　研究思路 ………………………………………… 4
1.2.2　研究内容 ………………………………………… 4
1.3　研究目的和方法 ………………………………………… 5
1.4　技术路线与结构安排 …………………………………… 6
1.4.1　技术路线 ………………………………………… 6
1.4.2　结构安排 ………………………………………… 7
1.5　创新之处 ………………………………………………… 8

2　相关理论与文献综述……………………………………………… 9
2.1　概念界定 ………………………………………………… 9
2.1.1　在线社区 ………………………………………… 9

2.1.2 品牌社区 …… 10

2.1.3 在线品牌社区 …… 11

2.1.4 知识分享 …… 12

2.2 社会资本理论与知识分享 …… 13

2.3 家文化思想 …… 22

2.3.1 家的内涵 …… 22

2.3.2 家文化 …… 24

2.3.3 传统家文化的泛化 …… 26

2.3.4 泛家意识 …… 27

2.4 社会认知理论 …… 30

2.5 研究述评 …… 31

3 理论模型与研究假设 …… 33

3.1 理论模型构建 …… 33

3.2 社会资本与泛家意识 …… 34

3.3 泛家意识与知识分享 …… 36

3.4 泛家意识的中介作用 …… 37

3.5 自我效能的调节作用 …… 38

4 实证研究 …… 40

4.1 研究工具 …… 40

4.1.1 社会资本的测量 …… 40

4.1.2 泛家意识的测量 …… 42

4.1.3 知识分享和自我效能的测量 …… 42
4.1.4 问卷设计 …… 43
4.2 调查对象 …… 44
4.3 样本的基本特征 …… 44
4.4 信度检验 …… 46
4.5 效度检验 …… 47
4.6 描述性统计分析 …… 49
4.7 相关性分析 …… 50
4.8 模型检验 …… 53
4.8.1 路径分析 …… 53
4.8.2 回归分析 …… 54
4.8.3 模型验证结果 …… 61
4.9 模型修正 …… 62

5 案例研究 …… 64
5.1 小米社区案例 …… 64
5.1.1 小米公司简介 …… 64
5.1.2 小米公司文化 …… 66
5.1.3 小米公司的发展 …… 68
5.1.4 小米社区 …… 69
5.1.5 小米社区中的消费者知识分享 …… 75
5.1.6 小米公司的社区营销 …… 79

5.2 哈雷车主会案例 …… 81
5.2.1 哈雷公司简介 …… 81
5.2.2 哈雷车主会简介 …… 84
5.2.3 哈雷车主会的品牌社区创建 …… 87
5.3 兰蔻玫瑰社区案例 …… 93
5.3.1 兰蔻公司简介 …… 93
5.3.2 兰蔻玫瑰社区 …… 96
5.3.3 兰蔻玫瑰社区的社区营销 …… 99
5.3.4 兰蔻玫瑰社区对化妆品类在线社区营销的启示 …… 105
5.4 海尔社区案例 …… 106
5.4.1 海尔集团的建立与发展 …… 106
5.4.2 海尔虚拟社区 …… 115
5.4.3 海尔虚拟品牌社区用户参与产品创新 …… 117
5.5 网易云音乐社区案例 …… 119
5.5.1 网易云音乐简介 …… 119
5.5.2 网易云音乐社区 …… 122
5.5.3 网易云音乐的社区营销策略 …… 125
5.5.4 网易云音乐对音乐类平台在线社区营销的启示 …… 129
5.6 案例的对比分析及启示 …… 131
5.6.1 相似之处 …… 131
5.6.2 相异之处 …… 133

6　研究结论及展望 …… 135
6.1　研究结论 …… 135
6.2　研究贡献 …… 137
6.3　管理启示 …… 138
6.3.1　在建设社区时要适当运用家文化思想 …… 138
6.3.2　利用大数据开展精准营销 …… 139
6.3.3　挖掘社区成员潜在需求 …… 139
6.3.4　与社区成员共创品牌价值 …… 140
6.4　不足之处和研究展望 …… 140

参考文献 …… 143

附　录　社会资本对在线品牌社区消费者知识分享的影响调查问卷 …… 155

索　引 …… 161

1 绪 论

1.1 研究背景与意义

1.1.1 研究背景

现在的社会是高度发展的信息化社会，互联网与人们的日常生活联系得越来越紧密。中国互联网络信息中心（CNNIC）发布的第43次《中国互联网络发展状况统计报告》显示，截至2018年12月，我国网民规模达到8.29亿人，互联网普及率为59.6%，其中手机网民8.17亿人，占比高达98.6%。随着互联网通信技术的飞速发展，大量的在线品牌社区不断涌现，仅手机行业就包括小米社区、魅族社区、华为的花粉俱乐部等。许多人参与在线品牌社区，主要目的就是通过网络平台来发表对产品的见解、分享信息或获取资源，这已成为消费者一种日益流行的交流和知识分享的方式（陈蓓蕾，2008），越来越多的企业也通过自建在线品牌社区来加强自身与顾客的关系（张玉红，2013）。

目前，绝大多数企业都拥有了自己的在线品牌社区，发展起来的形式有官方在线论坛、公众号、贴吧、QQ群、手机应用等。这些社区的确通过物质激励等方式收获了一批用户，但却没有深入发展，仅仅是为了追随其他公司的步伐，只是单纯地通过社区平台来进行信息发布，而没有重视社区内容的挖掘与运营，更不用说如何激励用户产生有价值的知识并传播知识、建立与维护和用户之间的持续性关系。

关系性存在是品牌社区的突出特征，消费者在品牌社区中是“丰富的人”“整体的人”，每名成员都是社交网络中的一个节点，但因为成员身份的多样性，这个节点是呈放射状的，会同时连接各个社区的成员，而这些节点之间通过沟通和互动都存在实际的联系。社区是由消费者、品牌、产品、企业组成的，想要获取可观的营销传播价值，唯有保证各个节点之间的持续联系。在线品牌社区其实也就是一个社交网络，但这个社交网络包含甚广，其中就有消费者与消费者、消费者与产品、消费者与品牌、消费者与企业的关系，而中外很多研究都实证检验了社会资本存在于社交网络中，并给社交网络中的成员带来了便利，影响了成员的行为和态度。

通过在线搜索发现，很多国内公司都将自己的社区命名为“家园”，如联想家园、圣城家园等。企业管理者想利用这样的名字来传达品牌社区的“家”的感觉，并表达家庭的想法，这很好地契合了中国的传统文化因为家一直处于经济、社会、文化甚至是政治的核心地位，家文化就是中国文化的一种本质。由于家的思想深深扎根于人们的思想中，我们就可以把品牌社区视为一个家，将社区成员视为家庭成员。社区成员对在线品牌社区产生了家的意识，反过来又增加了他们对在线品牌社区的情感依恋，并影响他们的知识分享行为。

很多企业都认为想要建立消费者和品牌之间的互动与联系，就有必要培育和运营自己的在线品牌社区。但大部分企业并未认识到利用品牌社区来打造企业内生竞争优势，所以未能建立持续的品牌关系，从而导致许多社区内容没有价值，缺乏黏性。正因如此，本书在研究在线品牌社区时，引入中国家文化的内容，将泛家意识作为国人对社区的独特心理意识，并实证分析这种意识在社会资本和知识分享间的中介作用。对这些问题的探讨，将有利于企业掌握社区成员的心理活动，从社会资本及泛家意识角度入手，以此来提升成员的知识分享和知识创新能力，从而为社区以及企业自身创造更大的价值。

1.1.2 研究意义

本书的主要研究目的是考察社会资本对在线品牌社区消费者知识分享产生的影响效果，并引入泛家意识作为中介变量。通过对国内外经典文献的研读寻找理论突破口，构建了本书的研究框架。

从理论上讲，本书将社会资本理论与中国家文化思想相结合，构建了社会资本影响消费者知识分享的主体框架，并且引入了泛家意识的中介作用。社会资本通过泛家意识的中介作用进而影响消费者的知识分享行为，可获得实证支持，并引入社会认知理论中的自我效能来充当调节变量，丰富了现有的理论体系。

从实践意义上看，一是为加强社区成员积极的知识分享、构建持续的社区关系提供了新思路。本研究基于社会资本理论，深入探讨社区成员在社区中所处的位置以及与社区其他成员之间的默契程度，分析社区成员感知社会资本的作用结果，为企业塑造、维护和强化社区关系提供了新的视角和思路。二是将中国传统家文化思想作为研究在线品牌社区成员心理活动的基础，社区成员对在线品牌社区产生泛家意识，该意识会让他们认为自己是社区家庭的一分子，会更愿意参与品牌社区的活动，从而提示国内企业管理者在建设、发展在线品牌社区时可以加入家文化的内容，促使社员、成员进行更多的知识创造和知识分享。

1.2 研究思路和内容

1.2.1 研究思路

本书认为，在线品牌社区本质上是一种社交网络，而社会资本存在于社交网络中并为社交网络中的成员带来便利、影响成员的行为和态度。因此，本书将社会资本作为前因变量，将知识分享作为结果变量，并引入泛家意识作为中介变量，以此来验证泛家意识能否在社会资本与知识分享间起到中介作用。研究设想是社区成员感受到的社会资本不同，从而会产生程度不同的泛家意识，当社区成员在品牌社区有了很高的安全感和情感归属、把社区当成自己的家以后，如果对自己分享信息、处理信息的能力有信心，就会产生知识分享行为。

1.2.2 研究内容

本研究基于已有的研究成果，借鉴社会资本理论和中国家文化思想，提出了在在线品牌社区中，社会资本对消费者知识分享的影响机理模型，并采用 SPSS 和结构方程模型进行实证研究。研究内容包括：

（1）社会资本对在线品牌社区消费者知识分享的影响机制研究。通过文献回顾，发现大多数学者将影响消费者知识分享的社会资本因素分为结构维度、关系维度和认知维度三个维度，而本研究决定采用的中介变量“泛家意识”本身就代表关系这一层面，因此，本研究将社会资本分为两个维度：结构资本包括网络密度和网络中心性；认知资本包括共同语言和共同愿景。泛家意识包括安全感和情感归属。自我效能是在线品牌社区消费者知识分享的一个关键决定因素。消费者在进行知识分享时，会对自身进行衡量，这种衡量是消费者对自身是否有能力组织并执行一系列行为的判断和信心。自我效能虽然不是引起消费者知识分享的原因，但在泛家意识影响消费者知识分享行为中起调节作用。

（2）针对在线品牌社区的管理启示。根据上述所做的理论分析，我们决定选取手机类品牌社区、机动车类品牌社区和化妆品类品牌社区三种不同类型的品牌社区来进行实证分析，认为企业应该营造良好的社区氛围，为社区成员交流沟通提供更大的便利，从而让社区成员感知到更加强烈的社会资本，同时提示国内企业管理者在建设、发展在线品牌社区时可以加入家文化的内容，泛家意识会让社区成员认为自己是社区家庭的一分子，会更愿意参与品牌社区的活动，从而产生更多的知识分享行为，最后促使社区成员购买行为的发生。

1.3 研究目的和方法

本研究将社会资本理论与中国传统家文化思想相结合，深入探究其对在线品牌社区消费者知识分享产生的影响，期望可以丰富现有的理论体系。为此，在系统回顾社会资本与知识分享、中国家文化思想、社会认知等文献之后，找到理论突破口，构建研究框架，通过互联网络将调查问卷发放给在线品牌社区的成员来收集研究数据，最后通过软件来对数据进行实证检验，探究在线品牌社区社会资本与消费者知识分享的内在联系。

（1）文献分析法

为了系统回顾社会资本与知识分享、中国家文化思想、社会认知理论，以确定研究内容，我们通过对中外经典文献的研读以及与最新文献的结合，确定了本研究的理论模型。

（2）问卷调查法

通过文献分析，确定了本研究的理论模型，并根据研究情境梳理出问卷测项，形成调查问卷，并通过互联网络将调查问卷发放给在线品牌社区的成员来收集研究数据。

（3）实证分析法

利用统计软件 SPSS 19.0 和 AMOS 21.0 来分析与检验收集到的研究数据，主要包括信效度检验、相关性分析、路径分析和回归分析，以此来检验研究假设和模型的有效性。

（4）案例分析法

将在线搜索与文献相结合，本研究选取了五类在线品牌社区，包括手机类的小米社区、机动车类的哈雷车主会、化妆品类的兰蔻玫瑰社区、家电类的海尔社区以及娱乐类的网易云音乐社区，通过对案例进行调查、研究、分析、概括、总结，找出在线品牌社区中消费者知识分享的成因。

1.4 技术路线与结构安排

1.4.1 技术路线

在梳理了社会资本与知识分享、中国家文化思想、社会认知理论的基础上，提出本研究的研究假设并构建了概念模型，通过实证分析来验证研究假设和理论模型，最后进行结论总结和讨论。本研究的技术路线如图 1-1 所示。

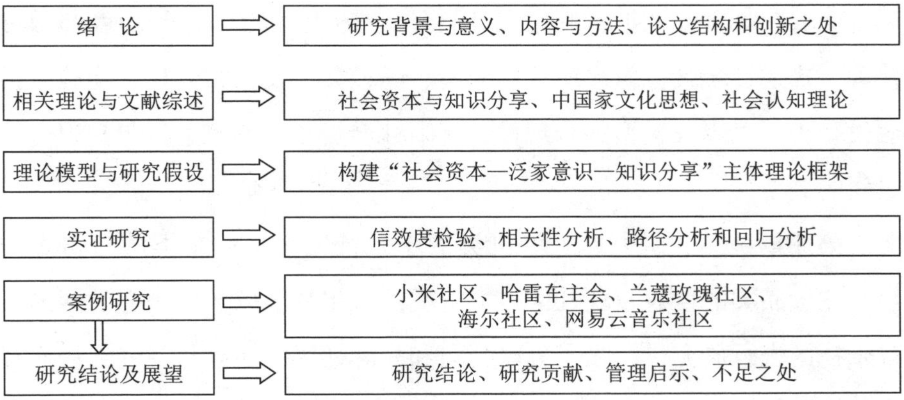

图 1-1　本研究的技术路线

1.4.2　结构安排

本书的内容结构安排包括以下 6 章：

第 1 章：绪论。通过对已有文献的梳理总结，寻找理论突破口，依据研究的大背景，确定本书研究课题，期望能够丰富现有的理论体系。主要包括研究背景与意义、研究内容和方法，根据研究思路和框架，合理安排结构，指出创新之处。

第 2 章：相关理论与文献综述。系统梳理和归纳国内外关于社会资本与知识分享、中国家文化思想、社会认知理论等相关研究成果，综述其发展脉络。

第 3 章：理论模型与研究假设。依据社会资本与知识分享、中国家文化思想、社会认知理论，提出研究假设，并按照在线品牌社区社会资本与知识分享的影响关系构建概念模型，将社会资本作为自变量，包含两个维度，将知识分享作为因变量，泛家意识作为中介变量，自我效能充当调节变量。

第 4 章：实证研究。对研究工具进行选择并确定调查对象，然后对调查问卷收集到的数据，利用统计软件 SPSS 和 AMOS 进行信度与效度检验、描述性统计分析、相关性分析、路径分析及回归分析，检验所提假设是否正确以及模型的合理性，明晰社会资本、泛家意识与知识分享之间的关系。

第 5 章：案例研究。对手机类的小米社区、机动车类的哈雷车主会、化妆品类的兰蔻玫瑰社区、家电类的海尔社区以及娱乐类的网易云音乐社区进行研究，回顾了五家公司和品牌社区的建立与发展，从而对品牌社区的社区营销和消费者的知识分享行为进行了总结。

第 6 章：研究结论及展望。对研究得到的结论进行总结，指出本研究的贡献，并阐述该研究结论对在线品牌社区的一些管理启示。另外，分析本研究的不足之处并提出后续研究方向。

1.5 创新之处

（1）将社会资本理论与中国家文化思想相结合，构建了社会资本影响消费者知识分享的主体框架，并且引入了泛家意识的中介作用。社会资本通过泛家意识的中介作用进而影响消费者的知识分享行为，可获得实证支持。

（2）将家文化思想引入社区成员的心理研究，社区成员在中国家文化的影响下，会对其所参与的亲密组织产生家的概念，并以家庭准则来约束自己，这在在线品牌社区活动中表现的是一种泛化的家意识，从而拓展了社区成员心理活动的研究。

2 相关理论与文献综述

2.1 概念界定

2.1.1 在线社区

互联网的飞速发展与普及，使越来越多的人参与到网络知识和信息的分享与互动中来，一种新型的社会形式即在线社区便由此产生。在线社区与传统社区中成员的交流过程有很大的不同：在传统社区中，人们从相遇到相聚再到相知，如果投缘就会成为朋友并保持联系。但在在线社区中，人们认识以后便在虚拟空间里成为朋友，投缘的话才会在现实生活中相聚互动（Butler et al.，2007）。中外研究学者对在线社区给出了自己的定义：Rheingold（1993）最早认为社会聚集体是在线社区的首要特征，积累了一定数量的用户以后，用户长期在网络上活跃与互动并对社区和其他用户产生感情，在线社区便由此形成。Fernbaek 和 Thompson（1995）指出在线社区是一种社会关系，这种关系是在虚拟空间的特定环境中，拥有同样兴趣主题的用户通过相互讨论与互动产生的。Alder 和 Christopher（1998）认为在线社区是一个网络空间，有共同爱好的人们可以在这个空间里相互接触、互动并进行信息交换。Rothaermela 和 Sugiyamanb（2001）将在线社区定义为一种虚拟网络社会组织，组织由有共同语言和共同目标的成员自愿组成。Bogozzi 和

Dholajia（2002）认为在线社区是网络环境下的一个通过群体成员的持续互动过程而维持的社会空间。Koh 和 Kim（2004）将在线社区定义为一种互动关系，即一群具有共同爱好主题的人在电子环境下进行知识分享。Welllman（2005）认为在线社区是在提供信息的同时，为社区成员提供一定的社交活动的网络系统。张蒙等（2017）将在线社区定义为有着相同兴趣和共同愿景的人群，以计算机为载体，依托互联网进行知识交流和信息互换等网络互动活动，从而渐渐形成的价值观相一致、具有情感牵连的人际关系的网络空间。

2.1.2 品牌社区

近年来，品牌社区的作用在消费者市场上逐渐凸显，越来越多的企业开始关注品牌社区的影响力，并纷纷将目光转向品牌社区的建立和维护。品牌社区的前身由消费社区组成，消费社区是一种无形的新型社区，借由人们的消费模式及所消费的产品而被创造且组织起来，它是一个经由人类如何消费、消费什么的观念所创造出来的无形新社区。品牌社区的概念，最早由美国学者 Muniz 和 O' Guinn 在 2001 年提出，他们以市场社区为基础，将品牌社区定义为在社会关系基础上，使用同样品牌产品的用户基于非地缘的特殊关系联结的群体，并提出了“消费者—品牌—消费者”这一经典模型。MeAlexander，Koenig 和 Sehouten（2002）认为，品牌社区是特定品牌的使用者的社会集合体，也是建立消费者品牌信任的社会媒介。Bogozzi 和 Dllolakia（2006）等认为，品牌社区是由那些对某个特定品牌具有同等的热情，通过结成团体来完成共同目标，并且表达出相互的情感和承诺的成员组成。目前，营销学界对品牌社区这一新型课题的研究还处于初步阶段，相关研究主要聚焦于品牌社区的分类、特征、作用及相关的营销策略等方面（周志民，

2005)。品牌社区对成员的品牌情感性依附产生影响，进而影响其品牌决定，因此品牌社区在营销中至关重要（Carlson et al.，2008）。消费者通过在线参与品牌社区网络互动，形成了对品牌社区的认知，进而影响了他们对品牌的态度（Zhou，2012）。Algesheimer，Herrmann 和 Dholakia（2005）通过一个模型解释了顾客与品牌社区间的关系对其意向和行为的影响，实证研究发现，消费者对品牌社区的认同感与参与程度、向他人的推荐意向以及维持社区成员身份的意愿之间存在正相关关系。此外，周志民（2005）认为品牌社区的消费价值包括服务、形象、财务、社交四种，并进一步探讨了品牌社区的运作机制。

2.1.3 在线品牌社区

在线品牌社区的本质就是社区，它是在线社区与品牌社区的一种结合体（李智娜，2011）。王佳（2016）对在线品牌社区给出了一个操作性定义："由官方或非官方发起的，以互联网为技术支持，基于多种沟通渠道和交流平台的，以某个特定品牌或品牌产品为中心的，由对某一品牌或品牌产品感兴趣、爱好或有某种价值需求的群体进行持续性互动而形成的社会关系网络。"这种新业态形式下的品牌社区摆脱了空间和时间的限制，表现出更强盛的生机和活力，因此企业便把它作为维护消费者关系的有效营销手段，并且引起了学术界的普遍关注。Kozinets（2002）认为互联网络是在线品牌社区的首要载体，社区成员主要利用品牌论坛、博客或个人主页等网络渠道来对彼此的品牌体验和对品牌的态度进行沟通与交流。Abdelmajid 和 Lionel（2004）认为在在线品牌社区中，消费群体都是因为对同一品牌的喜爱才聚集在一起，形成了分层化、非地理边界的组织，成员之间彼此分享价值观，有着共同的社会象征和强烈的成员认同。Algesheimer（2005）将在线品牌社区定义为一种以网络媒介为主的品牌社区，由特定品牌关联的群体通过互联网进行持续的社交与互动，进而形成的一整套社会关系。金立印（2007）提出在线品牌社区是传统品牌社区的特殊表现形式，是线下品牌社区在网络中的表现方式。王新新、薛海波（2008）认为在线品牌社区是指社区成员之间通过网络交流品牌体验和对品牌的态度。

2.1.4 知识分享

21世纪是知识经济时代，知识作为一种独特的生产要素在经济社会发展中起着越来越重要的作用。知识是人们在理论学习或生产生活实践环节总结归纳得到的客观真理、一般性规律或者技能方法，并能够通过多种方式传播，从而改变人或事物的行为和状态。知识被公认为一种重要的战略资源，能为组织或个人取得持续的竞争优势。知识既包括以信息的总结和归纳为行为基础的认识论，又包括通过运用知识的某种实践形式使得个体的状态发生有效改变的行为方式。一个组织要想获得长期的竞争优势，就必须提高其知识创造、知识分享和使用的能力（Tzokas and Saren，2004）。李杰等（2018）指出知识分享是在线社区有效运营的重要保障，它包含知识贡献和知识寻求，在线社区中成员持续地产生新的知识，并且不断有其他成员为实现目标在社区中寻求知识，那么这个社区就是成功的。知识创新的基础和必要条件就是知识分享（Niu，2013），倘若知识不分享，那知识的效用就只能停留在个人身上，无法达到效用最大化。Senge（1997）从互动视角切入，认为知识分享不但包含信息的传递，还包括帮助提问者解答疑惑并最终内化为提问者的知识，成为新的行动能力。Hendriks（1999）则指出知识分享是一种沟通的过程，知识不可以自由地传递，向他人学习知识时，必须要消化吸收并进行重建，要具备一定的能力去学习新知识和分享知识。

Connelly（2003）认为知识分享的关键是交换，是用知识帮助他人的行为或与他人交流知识，同时指出知识分享不等于知识分享，知识分享是单向的行为，是指利用管理手段使知识在组织内被使用，而知识分享则包括双方互惠的因素。Ipe（2003），Davenport（1998）等从过程和效果视角切入分析知识分享。赵亮等（2017）也指出知识分享是不同的知识主体自愿相互传递和分享知识的过程。

2.2 社会资本理论与知识分享

在线社区是一个汇集知识的大平台，在社区中，用户间的沟通交流过程会逐步演化为知识分享过程（沈振萍，2017）。学者们从技术接受模型（Wasko and Fara，2000）、社会交换与社会资本理论（Wasko and Fara，2005；Mathwick，Wiertz and Ruyter，2008）、行为理论角度（Bock，Zmud，Kim and Lee，2005）研究了知识分享的模式与影响因素。其中，社会资本是一个主流视角。

“社会资本”是由新经济社会学演变而来的最具影响力的理论概念。20 世纪 70 年代以来，众多学者都对其进行了研究，越来越多的学科也都开始相继关注社会资本，其中就包括经济学、社会学、行为组织理论以及政治学等多个学科。

Bourdieu（1986）是首位从社会学角度分析社会资本的学者，他指出，从整体的社会制度层面来看，实际或潜在资源的总和就是社会资本，这与拥有某种持久的网络占有密不可分，关系网络就是社会资本的存在形式。Coleman（1990）社会资本进行了更加系统的分析，他认为社会资本是一种可以为个体带来便利的社会结构资源，通过信息的交流实现个体之间信息的互换，由此在群体之间形成共同的期望和目标。

Lin（2001）将社会资本定义为嵌入社会网络中的资源，行动者在其行为中获得并使用这些资源，人们可以利用这些资源获得好处，但并不意味着这些社会网络和当中存在的互惠协作就是社会资本。无论是Bourdieu（1986）还是Coleman（1990），或者是同一时期其他的研究者，他们都试图用社会资本来解释经济学的一些问题，但总是受到限制，于是社会学领域就成了学者们转战的主阵地。直到Putnam（1995）的研究改变了这一现状，Putnam（1995）在Coleman（1990）的基础上，另辟蹊径，将社会资本上升到集体层面，而非单一个人层面，并且尝试用社会资本研究政治学的内容，引起了普遍关注。他们认为社会组织以各种方式得到加强，以惩罚破坏社会组织特征的人或行为，这种社会组织特征（规则、信任等）就是社会资本。

Nahapiet和Ghoshal（1998）将社会资本划分为三个维度：结构资本、关系资本和认知资本。这三个维度被学者们用来作为研究的基础，试图分析不同的变量。

（1）结构资本是指社会系统中个体之间社会联系的整体模式，这些联系为个体获取资源提供了可能。结构资本的主体包括中心性（Wasko M. M.，Faraj，2005）、社会联结性（Tsai and Ghoshal，1998；Chiu et al.，2006）、网络连带、网络结构。

（2）关系资本表示人们在社交网络中具有的相互关系，这些关系的存在能够为个体的行为提供便利。关系资本的主要方面包括信任（Tsai and Ghoshal，1998；Chiu et al.，2006）、承诺（Wasko M. M.，Faraj，2005）、互惠（Wasko M. M.，Faraj，2005；Chiu et al.，2006）、认同（Chiu et al.，2006）、义务（Tsai and Ghoshal，1998）。

（3）认知资本是指人们对于某一方面的共同认知、看法和观念等，关注个体或群体之间相互共享的意义与理解。认知资本的主要内容包括共同语言（Chiu et al.，2006）、共同愿景（Tsai and Ghoshal，1998；Chiu et al.，2006）、专业知识及任期长短（Wasko M. M.，Faraj，2005）。

Wasko 和 Faraj（2005）以社会资本理论为基础，在一个职业律师协会建立的实践型在线社区中构建并检验了一个知识分享模型，从个体动机和社会资本角度探查了知识分享行为的影响因素，如图 2-1 所示。Wasko 和 Faraj（2005）的研究结果显示，提升个人职业声誉是个体知识分享行为的重要动机，但是，助人的动机对知识分享的影响并不明显，Wasko 和 Faraj（2005）对此的解释是，这可能是由于他们选择用于实证研究的实践型在线社区是实名制的。此外，在社会资本的三类影响因素中，成员的社区中心性对知识分享行为的预测能力最强，从业时间会显著影响知识分享的数量，而自我评价的专家性、互惠期望和承诺则未显示出对知识分享行为的显著影响。

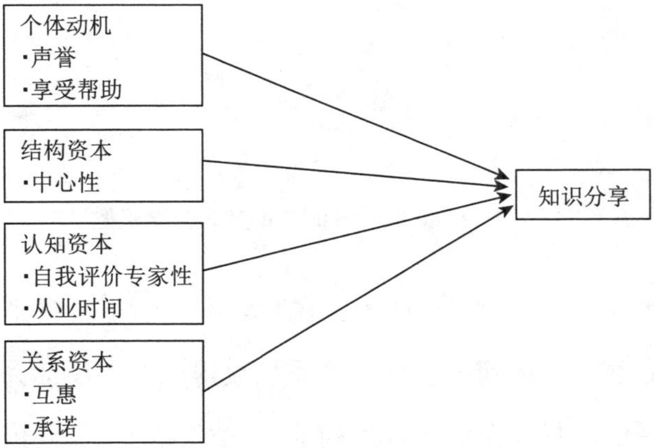

图 2-1　Wasko 和 Faraj（2005）的知识分享模型

Chiu 等（2006）将社会资本理论和社会认知理论相结合，在实践型在线社区中构建了社会资本相关因素与结果期望动机共同影响知识分享行为的模型，如图 2-2 所示。运用来自台湾的一个知名 IT 技术实践型在线社区的310个成员样本，Chiu等（2006）的实证研究结果显示，与社区相关的结果期望对知识分享的数量和质量均有显著影响。同时，社会资本的结构维（社会互动关系）正向影响知识分享的数量，关系维中互惠、认同正向影响知识分享的数量，而信任则正向影响知识分享的质量。最后，感知维的两个因素包括共同的语言和共同的愿景，则只对知识分享的质量有影响。

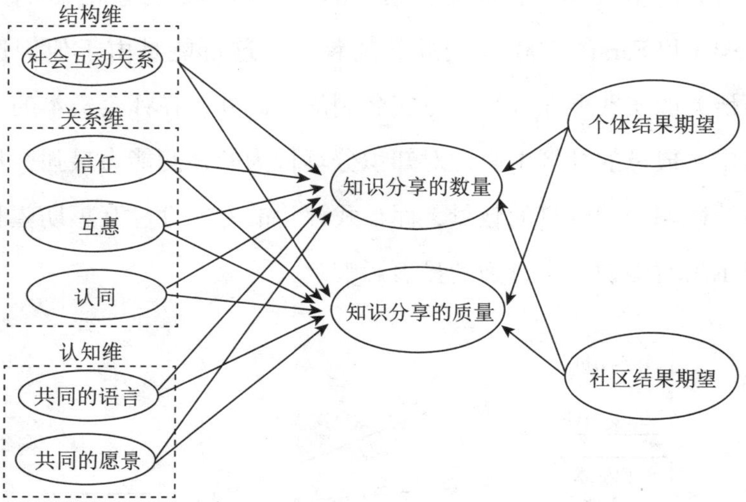

图2-2　Chiu等（2005）的知识分享模型

Wiertz和Ruyter（2007）认为，在互联网环境下，越来越多的企业尝试通过建立在线社区与顾客建立联系、获得顾客的反馈并解决顾客的售后服务问题。但是，企业主导型商业在线社区同样需要依靠顾客之间的互动以保持生命力，因此，探查顾客在企业主导型商业在线社区中的知识分享行为对互联网环境下的企业来说非常重要。但是，Wiertz和Ruyter（2007）认为，已有的开放资源和实践型在线社区知识分享行为的实证研究结果是否能够扩展到企业主导型商业在线社区的情境中还尚待考察。以Wasko和Faraj（2005）在实践型在线社区中构建的知识分享模型为基础，Wiertz 和 Ruyter（2007）在企业主导型商业在线社区中重点探查了承诺（包括对社区的承诺和对社区所属企业的承诺）和互惠对知识分享数量及质量的影响，此外，还检验了个体因素包括感知信息价值、运动员精神和在线交互倾向，对承诺、互惠与知识分享之间关系的调节作用。Wiertz 和 Ruyter（2007）的研究模型如图 2-3 所示。研究结果显示，除对社区的承诺显著影响顾客的知识分享行为外，对社区所属企业的承诺和顾客之间的互惠都未显示出对顾客知识分享行为的显著影响。这样的结果与企业主导型商业在线社区的性质具有直接关系，顾客会认为其他顾客的提问是指向在线社区的，并且回答顾客的问题也是在线社区的责任，从而降低了顾客对互惠规范的感知。

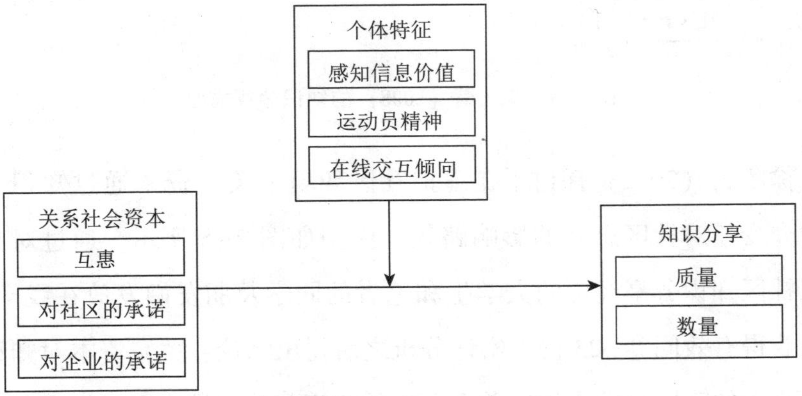

图 2-3 Wiertz 和 Ruyter（2007）的知识分享模型

陈蓓蕾（2008）基于虚拟社区、社会资本和传统的口碑动机研究成果，借鉴社会交换理论、社会认知理论、社会资本和虚拟社会资本理论，从个人相关的结果期望、社区相关的结果期望、产品相关的结果期望和知识自我效能四个动机前因，以及结构维度（社会交互联结）、关系维度（信任、互惠规范、承诺）和认知维度（社区意识）三个虚拟社会资本的具体维度，研究了不同类型的动机前因和虚拟社区内的人际关系网络对消费者信息分享行为（信息发布数量和信息发布质量）的影响。模型如图 2-4 所示。

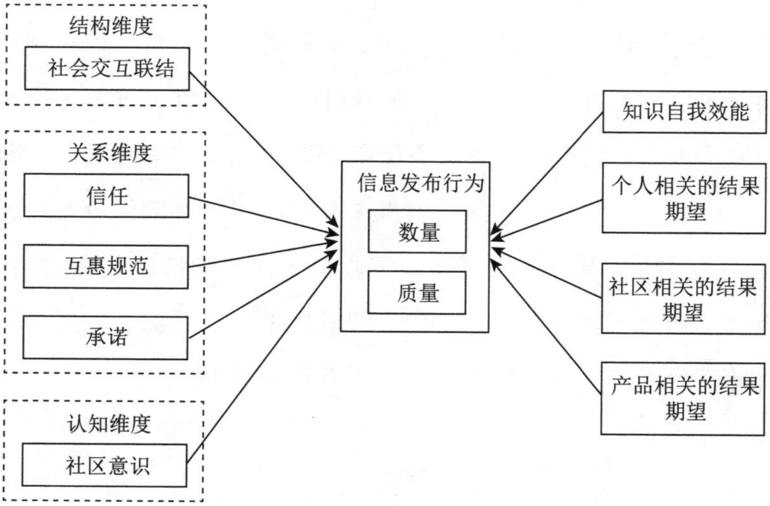

图 2-4　陈蓓蕾（2008）的知识分享模型

徐冬莉（2012）探讨了在虚拟社区环境下关系资本通过知识分享的中介变量对社区忠诚的影响路径，模型如图 2-5 所示。通过对具有虚拟社区知识分享经历的大学生和笔者的同学及朋友们发放在线问卷，最终获得有效问卷 323 份，实证分析之后得出结论：关系资本对知识分享有直接的正向影响作用；关系资本的互惠和认同维度通过知识分享间接影响社区忠诚；而信任维度仅通过知识分享的知识获取维度间接影响社区忠诚。

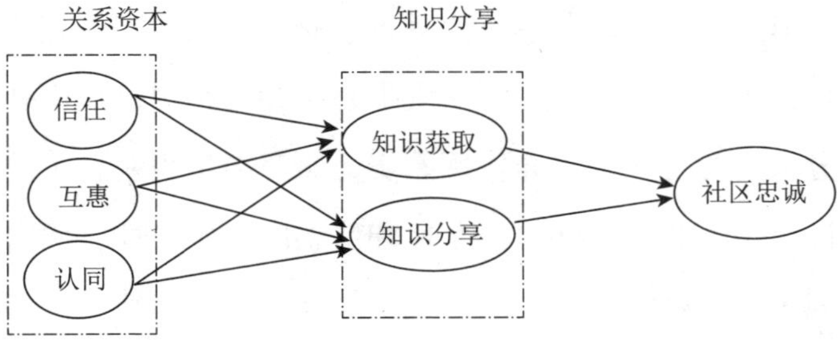

图 2-5 徐冬莉（2012）的知识分享模型

张鼐（2012）从虚拟社区知识分享行为的动因出发，来探索虚拟社区社会资本和个人动机的影响，构建虚拟社区社会资本和个人动机对知识分享影响的理论模型，并提出相关假设，模型如图 2-6 所示。对虚拟社区成员进行问卷调查，对得到的 293 份有效问卷的样本数据，运用 LISREL 8. 8 和 SPSS 17. 0 进行验证性分析，检验了研究假设。实证研究表明，社会资本和个人动机对虚拟社区成员的知识分享行为有显著的正向影响。

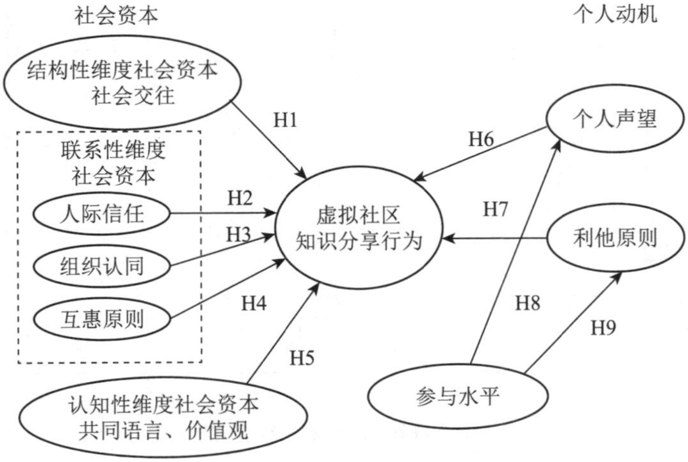

图 2-6 张鼐（2012）的知识分享模型

周志民、张江乐和熊义萍（2014）对在线品牌社群中不同成员的人格特质如何影响其知识分享行为进行了研究。根据嵌入理论框架，从社会资本理论视角出发，研究了网络中心性和互惠规范在内外倾人格特质与知识分享行为之间的中介作用。实证研究结果表明：①外倾性人格特质会促进成员形成咨询网络中心性和情感网络中心性，而内倾性人格特质则不利于情感网络中心性的形成；②外倾性人格特质、情感网络中心性与互惠规范会直接影响知识分享行为，而内倾性人格特质与咨询网络中心性则不会；③情感网络中心性在外倾性人格特质与知识分享行为关系中起到部分中介作用；④互惠规范在咨询网络中心性和知识分享行为的关系中起到“桥梁”作用，在情感网络中心性和知识分享的关系中起到部分中介作用。研究结论从社会资本和社会网络视角丰富了在线品牌社群理论，同时也有助于管理者更好地激发社群中的知识分享行为。模型如图 2-7 所示。

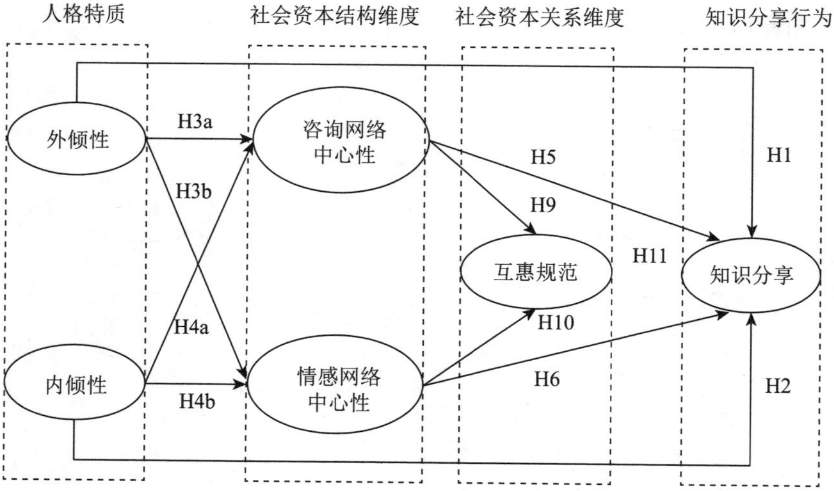

图 2-7　周志民等（2014）的知识分享模型

刘海鑫等（2014）以社会资本理论为基础，运用结构方程模型检验了社会资本各维度之间以及社会资本对个体知识贡献行为的影响作用，并通过分层回归方法检验了声望机制有效性对社会资本与个体知识贡献关系的调节作用。基于403份来自国内某大型企业虚拟社区问卷数据的分析表明，社会交互关系正向影响共同语言和信任，共同语言对信任也呈显著正向影响，同时三者共同影响社区成员的知识贡献行为。此外，成员感知社区声望机制有效性越高，社会交互关系和共同语言对知识贡献行为的正向影响越强。模型如图2-8所示。

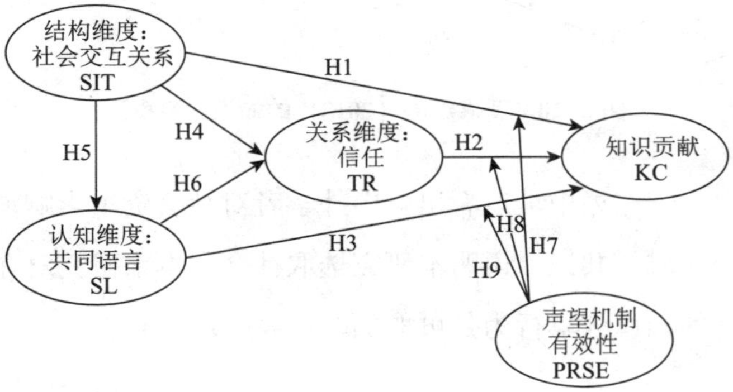

图2-8 刘海鑫等（2014）的知识分享模型

马鸿佳等（2014）将新创企业创业团队社会资本、知识社会化和知识分享整合在一个框架下，基于317份新创企业问卷，得出了以下结论：新创企业创业团队社会资本对知识社会化和知识分享具有显著影响，新创企业创业团队知识社会化显著影响知识分享，而且知识社会化在社会资本和知识分享之间起到中介作用。模型如图2-9所示。

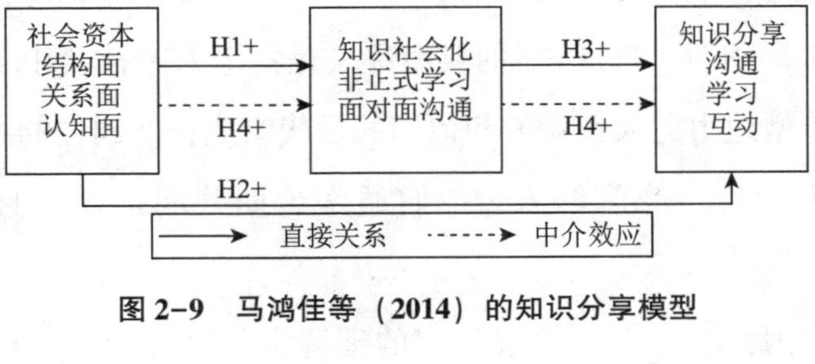

图2-9 马鸿佳等（2014）的知识分享模型

罗嘉颖等（2018）从社会资本理论和期望确认理论出发，探究在互动问答虚拟社区中促进持续知识分享的因素。通过收集问卷的形式，利用结构方程建模对数据进行分析，发现认同是影响满意度的最大因素，满意度也显著影响持续知识分享行为，如图 2-10 所示。

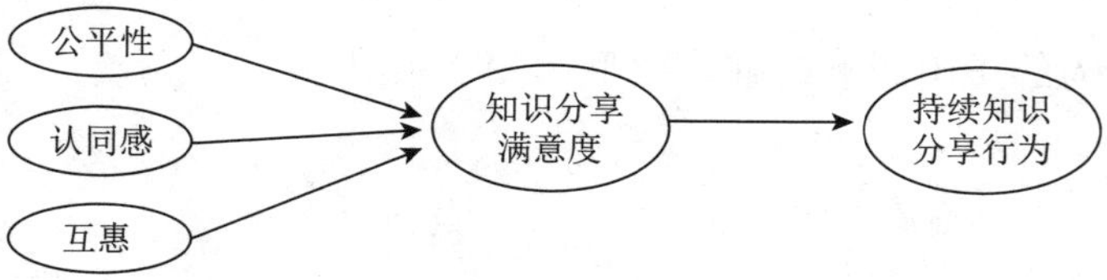

图 2-10　罗嘉颖等（2018）的知识分享模型

从以上文献综述中可以看出，中外学者对社会资本影响消费者的知识分享已经达成了共识，说明本研究选取社会资本来研究对在线品牌社区中消费者的知识分享行为是可取的。

2.3　家文化思想

2.3.1　家的内涵

在西方，“家”字源于拉丁文“familia”，它的原意不是指夫妻及其子女，而是指奴隶，即属于一个人的全体奴隶。到近代，英语中的“family”概念内涵广泛，既可指家庭又可以指家族。《美国传统英汉双解学习词典》中对“family”的典型释义是：①人类社会中最基本的群居组织，典型地由男人、女人和他们的后代组成；②同住的两个或更多有共同目标和价值观念的人，他们通常长期共同信任并且通常住在一起。

而在我国，学者们对“家”字的理解也是众说纷纭。许慎在《说文解字》中说："家，居也。"而其后学者们的主要说法有四种：第一种就是许慎的家居说；第二种是家庙说，是由清人吴大澂从祭祀的角度分析"家"字所提出的，他认为家是古人祭祀的场所（胡绍文，2002）；第三种是社会组织说，罗琨和张永山（1982）从考古发掘和少数民族民俗习惯的角度考察后认为：氏族和宗族的出现都比宗庙时期早，他们认为"家"字的本义是社会组织；第四种是家族说，认为"家"是以血缘聚居团体为基础的财产单位，即家族，梁颖（1996）给"家"字下的定义是："'家'的本义是表示一个以血缘聚居团体为基础的财产单位，这个财产单位就是'家族'。"

本研究认为对家的理解应更为综合，首先，家是人类社会的一种基本组织；其次，这种社会组织具有鲜明的特点，即如梁颖先生所言，家是一个以血缘聚居团体为基础的财产单位。血缘聚居是维系家的重要纽带，而强调其为财产单位则说明了家所具有的经济上的功能。

与"家"字密切相关的有两个基本概念：家庭和家族。这是两个含义相近但所指范畴却不尽相同的概念。相对而言，前者小于后者。在我国，家庭与家族大多时候是分开使用的，不仅用词不同，内涵也不同。家庭是指亲属同居共财的生活单位，范围较小；家族则是指同宗而非同居共财的血亲群体，范围较大（潘允康，1986）。胡军等（2002）认为，"家族是在核心家庭基础上形成的以血缘关系为纽带结合而成的血缘集团，也可以说是中国血亲家庭的延伸扩大"。但是，台湾学者陈其南（2006）认为，传统中国人的观念中有一组与家有关的用语，如家庭、房、家族和宗族等，这些概念都强调了亲属关系的核心内涵。他将家庭定义为"谋求共同经济生活的一个亲属团体。这个团体的成员可多可少，成员间的关系可复杂、可简单"。在陈其南的理解里，家庭与家族的概念是相似的。

在西方，家庭和家族两个概念的边界相对更为模糊。比尔基埃（1998）在《家庭史》一书中认为家庭是一个符合个人和人类的根本需求及根本欲望的社会组织。默多克（1996）则将家庭和家族两个概念放在一起下过定义："家庭/家族（Family）是一种具有共同居住、经济合作及生育等特征的社会群体。它包含男女两性别的成年人，其中至少有两个人维持社会认可的性关系及他们所生育或者收养的小孩。"与默多克不同的是，里弗斯（2002）对家族的理解有广义和狭义两种，广义的家族包括所有亲属，狭义的家族是指包括双亲与子女的简单的社会团体。在这里，里弗斯显然将狭义的家族等同于家庭。

2.3.2 家文化

个体出生和成长的地方就是我们的家，我们生在那里，长在那里，但社会经过几千年的发展演化，人们对家的理解也发生了很大的变化，研究人员也给出了更加多样化和复杂化的家的定义。白凯和符国群（2013）认为家具有生活和社交、经济和情感交流、生育和抚养子女的功能。Olson 和 De Frain（2000）认为，家是两个个体以上的人组成的地方，在那里他们可以互相分享亲密关系、交换资源和作出决策。方晓义（2004）和其他学者也认同这种说法，认为是互相承诺、彼此分享或有亲密关系的个体组成了家。Lewin（2001）则更单纯地觉得家就是一群相互交流的个体。由此可见，人们对家的概念不仅限定于血缘关系或收养关系，而且扩展到了亲密关系，只要个体之间有交流互动，就有可能产生家的意识。

经过数千年漫长的历史积淀，中国家文化源远流长，底蕴深厚，相较其他国家和民族，中国家文化对中国人的心理和行为产生了至关重要的影响（胡军等，2002）。历史上，儒家学者不断完善家族文化，使家族文化成为普遍重要的生活和社会规范，并扩展为全社会的行为规范（储小平，2003）。经过几千年的体制强化之后，这些社会心理积淀达到了本国各级高度的认识，不仅会影响个人的心理和行为，还影响着公司的组织模式和业务活动。中国传统文化的突出特征就是家文化，并且处于核心地位，它已经泛化到社会经济生活的各个层面，家族以外的任何社区和机构，甚至包含企业和国家，都可以被视为家族的延伸（杨国枢，1998）。

人类学、社会学、管理学及心理学等不同领域的学者都分别对家文化进行了研究，但因其学术背景及研究角度的不同，而对家文化给出了不同的定义。

台湾学者杨国枢（1995）认为，家文化是一个国家或民族传统文化的重要组成部分，对人的作用、影响和约束最直接，也最具体。家文化主要包括调整家族成员之间相互关系的伦理道德规范、家族成员的行为规范，以及家族成员对自身、社会与家族关系的认识。在杨国枢的定义中，他从心理学研究角度出发，更多地强调了家文化对家族个体成员的影响及对个体成员的认知。

谷宁宁（2006）认为，家文化是指在中国封建传统社会作为单独自然经济体的小家庭里，用以维护家长统治，约束父子、夫妇、兄弟之间关系的儒家文化。他指出家文化所具有的特征是宗族性、凝聚性、礼俗性、非等价交易性和封闭性。

刘正才（2002）则从契约角度对家文化作出了定义，认为家文化是指一个民族在历史过程中形成的各种关于家庭契约关系的总和，包括家庭观念和家庭伦理两方面的内容。刘正才将个人与家庭以及个人与家庭外部的契约关系称作家庭观念，它反映了家庭在个人心目中的地位和作用；而将家庭成员之间的契约关系称作家庭伦理，它规范着家庭内部成员之间的行为和角色。

储小平（2003）认为，以文化就是以血缘亲情为纽带，将家庭、家族为实体的存在形态，以父系原则为主导，将家庭、家族成员之间的上下尊卑、长幼有序的身份规定为行为规范，以祖先崇拜和家族绵延兴旺作为人生信仰的整套家法族规，并将这套家法族规从理论上升华泛化到社会的各个层面，从而成为人类文化传统中占据主导地位的思想体系。

罗列这些定义，一是希望能从中发现一些规律；二是希望从这些定义中得到启示，并能够在此基础上对本研究中的家文化的内涵有更准确的把握。在上述定义中，我们首先可以看出这些学者关于家文化的定义中对“家”的界定有广义和狭义之分，有的学者认为“家”是宽泛地指称家族（包含家庭），如谷宁宁（2006）、杨国枢（1998）等，而刘正才（2002）则明确地将“家”界定为家庭，取其狭义的含义。其次，在这些定义中，学者们的研究范围是不同的，有的学者将研究的单元集中于实体的家庭或家族，而没有泛化到社会、民族、国家等层面，有的学者则强调了家文化的泛化，研究其对个体心理、组织管理、民族性格、社会乃至国家层面的影响及泛化。

2.3.3 传统家文化的泛化

家文化及泛家族文化在中国的各种组织中普遍存在，甚至在国有企业中也是如此（樊江春，1992）。有不少学者关注到了家文化及其泛化现象，而在此领域内，台湾大学心理学教授杨国枢的研究颇具代表性。杨国枢（1998）提到家文化作为泛家族的普遍化，家庭中的生活经历和习惯是生活在团体或组织中的中国人唯一的经历和习惯。中国人有普遍的泛家族化倾向，所以当他们参与非家庭团体或组织的活动时，就会带入家族中的结构、关系和做事方式。易言之，在家庭以外的组织中，中国人倾向于根据家庭的方式进行思考和行动。

杨国枢（1993）在理论研究和实证分析的基础上，建立了泛家族主义的理论，解释了中国传统家文化对中国家族企业组织与管理的影响。他认为，中国人的家族主义与传统中国社会的农业经济形态密切关联，它是一套人们对自己的家族所持有的复杂的心理及行为，既包含了以家为重的基本内涵，也包含了有关家人关系、家族组织及其运作原则的基本知识与体验。在研究中，杨国枢归纳和总结了中国人的泛家族化历程，他认为泛家族化主要表现在三个层次：①将家族的结构形态与运作原则概化到家族以外的团体或组织，亦即比照家族的结构形式来组织非家族团体，并依据家族的社会逻辑（如长幼有序）来运作；②将家族中的伦理关系或角色关系概化到家族以外的团体或组织，亦即将非家族性团体内的成员予以家人化，成员间的关系比照家族内的情形而加以人伦化；③将家族生活中所学到的为人处世的观念、态度及行为概化到家族以外的团体或组织，亦即在非家族性团体或组织内，将家族生活的经验与行为不加修改或稍加修改即予采用。

在后来的研究中，杨国枢（1998）发现中国人往往倾向于将家庭的组织、行为和人际关系特征推广到家庭以外的群体或组织中。此外，还有很多学者也认为，在中国社会中存在家文化的泛化机制，中国的各种组织中也都存在家文化及泛家族文化倾向（樊江春，1992；储小平，2003）。

2.3.4 泛家意识

在线品牌社区的成员都是因为对品牌的崇拜才聚集到一起，形成了这一亲密组织，依照杨国枢关于家意识泛化的表现，赵建彬（2015）

认为社区成员对在线品牌社区存在泛家意识。Weigel（2008）认为，在研究一般人的家概念时，品牌社区组织与家庭组织之间的结构相似，社区成员对待社区组织的态度就像个人对家庭的态度一般，从而创造家庭般的社区意识，这就是社区成员像家庭一样组织品牌社区并将家庭体验应用到社区的地方。Algesheimer 等（2005）认为，当一个社区成员把自己的情感投入品牌社区后，他会感受到与其他社区成员有一种亲近感，这表明社区成员已经将其他成员感知为家人，并将自己与其他成员联系起来。因此，在线品牌社区就像一个家庭的存在，社区成员也存在普遍的泛化的家意识。按照家概念泛化的思想和表现，赵建彬（2015）认为，泛家意识是社区成员在在线品牌社区活动中形成的一种类似于家的感受、思想以及心理认知。

人类社会最基本、最普遍且影响最为深远的社会组织就是家（Koerner，2002）。在国外，人们一想到家时，60%的被调查对象意识到的是情感归属，其他人则认为家是可以居住的地方，个体之间存在血缘关系，彼此可以分享活动，具有法律意义上的关系等（Newman，1993）。Van der Veen（1965）将关心与尊重、表达内心想法、积极面对问题、家人抱负、互动、家人共处和亲密性等九个方面作为个体对家庭的意识，体现在他的家庭印象量表中。Lewin（2001）则把个体对家的感知归纳为十个方面：安全感与控制、舒适的居住环境、个人理想和价值的反映、交流场所、活动中心、永恒与连续性、避风港、社会地位的象征、空间和一种拥有权。Weigel（2008）通过原型方法发现诚实、信任、爱、尊重、支持、关心、鼓励、接纳、一生、永远守护着你 10 个与传统家庭意识类似的社群意识。

在国内，台湾学者陈舜文（1999）在研究台湾人家庭意识时，借鉴儒家的庶人伦理结构理论，与儒家的仁和义的思想相结合，得出两个因素来代表家庭意识：规范因素和情感因素。方晓义等（2004）认为个体对家的知觉包含了关系与尊重、生活态度、沟通、问题归因于外在、家人共处、家人分离以及家的凝聚力。丛中和安莉娟（2004）认为家庭成员在家庭就会有强烈的归属感和安全感。而杨德睿（2010）在研究冀南风俗时认为家赋予了个体归属感、方向感和价值感。

通过上述对中外学者关于家意识研究所包含因素的对比，发现国外学者的研究内容相对清晰、分明，反观国内学者，他们的研究内容则比较抽象、难以理解，但无论是国外学者还是国内学者，他们的研究也有相同的地方。其中涉及较多的一个方面是情感归属，情感归属本身也属于中国传统家文化的认知内容之一，中国家文化的“树高千尺，叶落归根”强调了人们对家的归属感知，而“无家可归”则体现了人们没有归属感的痛苦，所以国人对家的重要认知内容之一就是情感归属；第二个方面是安全感，如人们在家就会感到很安全、与家人互相守护、彼此信任等，谚语“在家千日好，出门万事难”很好地表达了国人对家的感知，在家里他们会得到想要的保护，家也成了他们天然的避风港，所以安全感成了国人对家的另一个认知内容。泛家意识是类似于家的一种感受和认知，赵建彬（2015）认为，当人们在参与具有“家”的性质的一些组织时，也会产生不同程度的情感归属和安全感。情感归属会使社区成员对品牌社区产生情感依恋，关系性存在是品牌社区的突出性特征，品牌社区也是一个开放性的社交网络，社区成员通过分享体验和寻找共同的兴趣点而产生情感共鸣，从而在成员之间形成一种默契和依赖；安全感是社区成员对品牌社区中可能出现危险的心理预感，是社区成员在应对事情或处置任务时的一种有力感/无力感，具体表现为社区成员在品牌社区中是否能够自我放松、不会有所畏惧、是否感知到社区成员的守护、遇到的难题是否可以得到解决。

2.4 社会认知理论

社会认知理论是社会心理学中的一个重要的理论分支。美国心理学家班杜拉在对社会行为进行长期观察与研究的基础上，提出了社会认知理论（Social Cognition Theory，SCT），在传统的行为主义理论中加入了认知成分，认为人们的认知活动和他们的行为之间存在因果关系，这些内在的思维活动和外部环境因素一起决定着人们的行为。

自我效能是社会认知理论的核心概念。班杜拉认为，在决定行为的内部因素和外部环境因素中，内在因素起着更为重要的作用。以此为基础，班杜拉提出了自我效能的概念。自我效能反映的是个体对自己完成任务所必需的能力的自我评估或信心。它并不是一个人的真实能力，而是个体对自身完成特定任务所具有的行为能力的自信程度。自我效能强的人能对新的问题产生兴趣并全力投入其中，能不断努力去战胜困难，而且在这个过程中自我效能也将会不断地得到强化与提高；相反，自我效能差的人总是怀疑自己什么都做不好，遇到困难时一味地畏缩和逃避。个体感知到的自我效能在影响个体行为方面扮演着重要的角色，当人们怀疑自己是否具备做某件事情的能力时，即自我效能较低时，他很可能会放弃做这件事情。

班杜拉认为，个体在活动中是通过四个方面的信息来获得或形成自我效能的。实践的成功经验是指个体在过去的经历中对自己所取得的成就的感知，成功的经历能够增强自我效能，反之降低自我效能；替代性经验指的是个体看到与自己能力相当的人在做事情时获得了成功，这种成功使个体相信自己也能在相似的场景中获得成功，从而提高了个体的自我效能。同样，能力相当的人的失败经历则降低了个体的自我效能；

言语的劝导是指别人认为自己具有执行某一任务的能力，这种评价或认知必须是实事求是的，在这种劝导下个体相信自己能够取得成功或达到某一目标，进而提高了自我效能；乐观积极的态度会使个体相信无论遇到什么困难终会达到某一目标，进而提高了自我效能，消极的态度则产生挫败感，降低自我效能。可见环境对个体的自我效能能够产生影响，我们可以通过对环境的干预来调节自我效能。

目前，基于社会认知理论的社区成员行为研究主要集中在自我效能对在线社区知识分享行为的影响上。Hsu（2007）证明自我效能对实践类在线社区的知识分享行为有直接影响，个人和社区相关结果的成员预期会对知识分享行为产生间接影响。李枫林（2011）、赵越岷（2010）、Liao（2013）等学者也证实，自我效能对在线社区的知识分享的影响是积极的。而班杜拉强调，认知在人们的行为中起调节作用，自我效能不是引起人们行为的原因，而只是对人的某种行为的发生与否以及行为的结果产生调节作用。学者徐长江等（2015）通过对445名虚拟社区成员进行调查分析，研究自我效能对知识分享的调节作用。王楠等（2019）通过对213名手机社区的成员进行调查研究，成功验证了自我效能对知识分享的质量和数量的调节效应。

2.5 研究述评

通过以上研究文献的梳理，本书发现中外学者在研究在线社区知识分享行为时，都比较热衷于探讨影响知识分享的前因变量，而忽视知识分享的后效研究。并且，绝大多数研究者都只研究了前因变量对知识分享的直接影响，而没有挖掘其间可能存在的中介作用。消费者产生的各种行为与消费者的心理是密不可分的，探讨影响消费者知识分享行为的心理中介机制还没有被广大学者所重视。而且现有文献在研究在线品牌社区中的心理活动时仍是主要从西方的管理理论入手，而鲜有关注中华传统文化对在线品牌社区成员行为的影响。因此，本研究不局限于探讨社会资本对消费者知识分享的直接影响，而是深入挖掘社会资本与知识分享间的中介效应，探讨影响消费者知识分享行为的心理中介机制。并将中国传统家文化的思想与西方成熟的社会资本理论相结合，从而探讨泛家意识在社会资本与知识分享之间的中介作用。

3 理论模型与研究假设

3.1 理论模型构建

大多数中外学者在研究社会资本时，都会采用 Nahapiet 和 Ghoshal（1998）对社会资本三个维度（结构资本、关系资本和认知资本）的经典分类。而关系资本中的信任与泛家意识的安全感中量表的“该社区成员是值得信任的”测项重复，关系资本中的认同与泛家意识的情感归属中量表的“我很愿意成为该社区的会员”“在该社区我能得到尊重”的测项重复，本研究的中介变量本身代表了关系这一层面。因此，本研究决定采用社会资本的结构维度（网络密度和网络中心性）和认知维度（共同语言和共同愿景）作为前因变量来进行研究，对于泛家意识则选用赵建彬等（2015）的观点，包括安全感和情感归属两个方面。从而在理论分析基础上构建出本研究的概念模型，如图 3-1 所示。

模型描述了在知识经济时代环境下社会资本对在线品牌社区消费者知识分享的影响机制，以及泛家意识在社会资本对在线品牌社区消费者知识分享的影响效果过程中起到的中介作用。

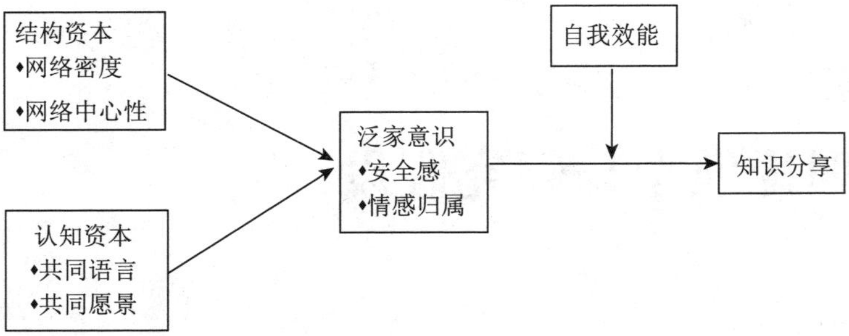

图 3-1　本研究的概念模型

3.2　社会资本与泛家意识

网络密度反映了在线品牌社区内成员在多重互动中相互联系的程度、数量和强度。品牌社区是品牌崇拜者的聚集地，个人通过社区持续的交流互动获得成员的认同，慢慢就会对其他社区成员进行分类和比较，族群意识就会以品牌为核心或边界而产生。社区成员之间的关系也会随着个人族群意识的增强而变得亲近。Georgi 和 Mink（2013）认为，成员在社区积极互动并与他人建立亲近关系，他就会得到社区成员的关心和尊重。Koerner 和 Fitzpatrick（2002）认为，群体成员之间的交流互动往往会产生家庭意识。由此可见，扩展到社区的家意识是由社区成员之间关系的远近来评估的，社区成员之间的关系越近，他们的家意识就越强烈。

H1：网络密度越高，在线品牌社区成员的泛家意识越强。

H1a：网络密度越高，在线品牌社区成员的安全感越强。

H1b：网络密度越高，在线品牌社区成员的情感归属越强。

费孝通（2012）先生在《乡土中国》一书中写道：中国人的家是以自我为中心的，家族距离网络中心是最近的，拥有这种主体性的个体更有可能认可这个家，并且更有可能产生家的意识。Feeley（2010）指出，处于社交网络中心的人更有可能对同一社区的成员产生认同，对社区拥有更多的情感依恋和归属，并将这些情感传达给其他成员。Mc Namara 等（2013）认为，社区可以对受到歧视的成员进行心理补偿，让他们接收到社区的爱和温暖，而社区边缘的个人总是有负面的认同，感到无家可归。从中可以看出，成员与在线品牌社区的中心的距离越近，他们的确定感和归属感就越强。因此，本研究认为相较于处于边缘的个人，处在网络中心的个人会获得更高的安全感和情感归属。

H2：在线品牌社区成员距离网络中心越近，泛家意识越强。

H2a：在线品牌社区成员距离网络中心越近，安全感越强。

H2b：在线品牌社区成员距离网络中心越近，情感归属越强。

共同语言中的“语言”是指社区成员讨论主题、发起提问、与人沟通和信息交换的方式。Nahapiet 等（1998）指出共同语言可以影响个人认知并促进人际交往。当在线社区成员在社区中都使用他们自己能理解的交流方式时，他们就会认可其他社区成员的身份。也就是说，他们会把社区其他成员看作一个圈子里的人，不会心存芥蒂，从而对社区产生情感归属。正是因为社区中有大家公认的共同语言，所以社区成员都会不约而同地遵守社区的规则和规定，不会刻意损害其他社区成员的利益。另外，社区成员可以利用共同语言以相互了解的方式进行知识分享，这样既提高了交流与沟通的效率，又让社区成员在互动过程中产生更多的积极情绪，同时社区成员间的信任也油然而生，提高了成员在社区中的安全感。

H3：在线品牌社区成员间存在共同语言，泛家意识强。

H3a：在线品牌社区成员间存在共同语言，安全感强。

H3b：在线品牌社区成员间存在共同语言，情感归属强。

共同愿景是指同一群体的成员对其互动模式有共同的理解和共识。组织成员之间的共同愿景可以防止沟通和互动中的许多问题及障碍，有助于分享和交流想法与经验，并帮助成员建立伙伴关系，以实现共同的期望和目标（Tsai and Ghoshal，1998）。Nahapiet 和 Ghoshal（1998）将共同愿景定义为群体间对同一事件的共同理解和解释，从而形成了共同的期望和目标，使群体成员本着共享与合作的精神实现其共同目标。因此，小组成员在对某一事件的思考和理解上更加和谐和一致，有利于小组成员间的协调和沟通，并有助于在团队合作中发展积极的伙伴关系。有着共同愿景的一群小伙伴会更容易将社区当作自己的“家”，从而对社区产生安全感和情感归属。

H4：在线品牌社区成员间存在共同愿景，泛家意识强。

H4a：在线品牌社区成员间存在共同愿景，安全感强。

H4b：在线品牌社区成员间存在共同愿景，情感归属强。

3.3 泛家意识与知识分享

大多数情况下，如果成员在心理上觉得自己属于所在的品牌社区，那么他就会很乐意花费时间和精力去参与社区活动，也会努力通过分享知识、信息和经验来做出更多的贡献。影响社区参与的重要因素之一就是归属感，随着参与和经验的增加，归属感也会增强。Chiu 等（2006）也指出，在线社区成员的认同感可以显著提高社区中知识分享的数量和质量。成员对社区产生归属感，就会认同并遵守品牌社区中的规范和规则，并且会认真听取和处理其他成员的意见，然后从其他成员那里获得更多的知识。

泛家意识的安全感是这样一种看法，社区会对所有社区成员公平对待，并且成员能够获得其他社区成员的支持和尊重，从而建立对社区和社区成员的信任。如果成员之间相互信任，即使是从未见过的人也愿意互相帮助（Chiu，Hsu and Wang，2006），同时，社区成员都会信任彼此，也会愿意相信彼此提供的信息，因此，信任有效地增加了知识获取的意愿。许多在线行为研究结论表明，信任与人们提供或者接受信息的意愿有关（Ridings et al.，2002）。大量研究也证明，在线社区成员间的信任可以增加知识分享行为的产生，因此，本研究认为在线品牌社区中的泛家意识有利于提高社区成员的知识分享行为。

H5：泛家意识越强，消费者的知识分享行为就越多。

H5a：安全感越强，消费者的知识分享行为就越多。

H5b：情感归属越强，消费者的知识分享行为就越多。

3.4　泛家意识的中介作用

在线品牌社区的社会资本是来自一个相对闭合的网络，它创造的是一种心理环境，这种环境可以帮助成员相互支持与互惠，所以对成员这一主观的知识分享行为的影响是一个间接的过程。在中国，作为一个以家庭为基础的社会，人们的意识已经超出了家庭本身的范围，会以家庭的社会准则来约束自己的行为，因此，当社区成员参与在线品牌社区的活动时，他们对社区也会产生家庭般的意识。赵建彬等（2015）认为这种家族式的情感就是“泛家意识”，该泛家意识会让他们认为自己是社区家庭的一分子，会更愿意参与品牌社区的活动，从而产生更多的知识分享行为。通过以上的分析可以得出，成员对社区社会资本两维度的评价水平直接影响其在社区中的泛家意识，其中，结构性社会资本维度（网络密度和网络中心性）、认知性社会资本维度（社区共同语言和共同愿景）都正向影响成员的泛家意识。而泛家意识又与知识分享呈正相关。因此，本研究认为在线品牌社区社会资本两维度通过泛家意识这个中介因素影响消费者的知识分享。

H6：泛家意识在在线品牌社区社会资本对消费者知识分享的影响中起中介作用。

H6a：安全感在在线品牌社区社会资本对消费者知识分享的影响中起中介作用。

H6b：情感归属在在线品牌社区社会资本对消费者知识分享的影响中起中介作用。

3.5 自我效能的调节作用

自我效能是班杜拉社会认知理论的核心概念，是个人对完成任务能力的自我评估或信心。Hsu 和 Chiu（2004）将“互联网自我效能”定义为“个人有能力组织和执行一系列互联网行为来实现特定目标，也就是说，个人对他是否完成某项互联网任务（如信息搜索）的判断和信心”。Hsu 等（2007）的研究表明，自我效能是在线社区成员知识分享行为的一个至关重要的决定因素。张鼐、周年喜（2010）和李枫林等（2011）也都实证证明了在在线社区环境下自我效能对知识分享行为的直接影响。其他一些学者，如赵越岷等（2010）、Liao（2013）的相关研究都证实了在在线社区中自我效能对知识分享有正向影响。而班杜拉强调，认知在人们的行为中起调节作用，自我效能不是引起人们行为的原因，而只是对人的某种行为的发生与否以及行为的结果产生调节作用。学者徐长江等（2015）通过对 445 名虚拟社区成员进行调查分析，来研究自我效能对知识分享的调节作用。王楠等（2019）通过对

213 名手机社区的成员进行调查研究，成功地验证了自我效能对知识分享的质量和数量的调节效应。

H7：对于自我效能较高的消费者，泛家意识越强，产生的知识分享行为就越多。

H7a：对于自我效能较高的消费者，安全感越强，产生的知识分享行为就越多。

H7b：对于自我效能较高的消费者，情感归属越强，产生的知识分享行为就越多。

4 实证研究

4.1 研究工具

4.1.1 社会资本的测量

本研究选取了 Nahapiet 和 Ghoshal（1998）对社会资本划分中的两维度模型，设计出 14 个测量问项，其中，网络密度包括 4 个测项，网络中心性包括 4 个测项，共同语言和共同愿景各包括 3 个测项。

测量网络密度的指标主要根据 Nahapiet 和 Ghoshal（1998），Tsai 和 Ghoshal（1998）和 Chiu 等（2006）对社会互动的测量，参考了薛海波和王新新（2011）对品牌社区关系网络密度的研究，并对题项进行了删减（见表 4-1）。网络中心性参照薛海波（2011）的量表（见表 4-2）。测量共同语言的指标主要依据 Tsai 和 Ghoshal（1998），Chiu 等（2006）的测量题项（见表 4-3），共同愿景的测量借鉴了 Tsai 和 Ghoshal（1998），Chiu 等（2006），Chow 和 Chan（2008）的测量量表（见表 4-4）。

表 4-1 网络密度的测量量表

变量名	编号	测 项	参考来源
网络密度	ND1	我与社区内的部分成员维持着较密切的联系	Nahapiet 和 Ghoshal（1998），Tsai 和 Ghoshal（1998），Chiu 等（2006），薛海波（2011）和王新新（2011）
	ND2	我花较多的时间与社区内一些成员进行互动	
	ND3	我与社区内的一些成员有频繁的交流	
	ND4	社区内的成员经常就品牌、产品交换意见和看法	

表 4-2 网络中心性的测量量表

变量名	编号	测 项	参考来源
网络中心性	NC1	我在社区里是一个非常关键的人物	薛海波（2011）
	NC2	我与很多社区成员都有联系	
	NC3	在社区里我是一个活跃分子	
	NC4	在社区里我处在一个“中心”位置	

表 4-3 共同语言的测量量表

变量名	编号	测 项	参考来源
共同语言	CW1	社区里有内部交流语言、行话	Tsai 和 Ghoshal（1998），Chiu 等（2006）
	CW2	社区中的成员在讨论中使用能够使别人理解的方式	
	CW3	社区成员在发布信息时使用能够使别人理解的叙述方式	

表 4-4 共同愿景的测量量表

变量名	编号	测 项	参考来源
共同愿景	SV1	社区成员拥有共同的愿景：愿意帮助他人解决问题	Tsai 和 Ghoshal（1998），Chiu 等（2006），Chow 和 Chan（2008）
	SV2	社区成员拥有共同的目标：围绕产品进行沟通交流	
	SV3	社区成员对品牌和社区的发展充满热情	

4.1.2 泛家意识的测量

泛家意识的测量参照丛中和安莉娟（2004）、Albanesi 等（2007）、Lin（2008）和赵建彬等（2015）的测量量表，安全感设计 5 个题项，情感归属设计 6 个题项（见表 4-5）。

表 4-5 泛家意识的测量量表

变量名	编号	测 项	参考来源
安全感	SOS1	该社区成员是值得信赖的	丛中和安莉娟（2004），Albanesi 等（2007），Lin（2008）和赵建彬等（2015）
	SOS2	在该社区我不会感到陌生	
	SOS3	该社区能够让我放松	
	SOS4	在该社区我觉得很安全	
	SOS5	我的问题能在该社区得到解决	
情感归属	SEB1	我对该品牌社区有一种家的感觉	
	SEB2	我很愿意成为该社区的会员	
	SEB3	我感觉该社区成员像我的家人一样	
	SEB4	在该社区我们相处得非常融洽	
	SEB5	在该社区我能得到尊重	
	SEB6	在该社区我们能够相互关心	

4.1.3 知识分享和自我效能的测量

测量自我效能的指标主要依据 Hsu 等（2007）、崔丽娟等（2008）和张玉红（2013）的测量题项（见表 4-6）；知识分享的测量借鉴了 Van den Hooff 等（2004），Chiu（2015）的测量量表（见表 4-7）。

表 4-6 自我效能的测量量表

变量名	编号	测 项	参考来源
自我效能	SE1	我对自己使用社区的能力有信心	Hsu 等（2007）、崔丽娟等（2008）和张玉红（2013）
	SE2	我对自己使用社区工具发布信息的能力有信心	
	SE3	我对自己帮助社区其他成员的能力有信心	
	SE4	我对自己在社区讨论主题方面的知识、经验有信心	

表 4-7 知识分享的测量量表

变量名	编号	测 项	参考来源
知识分享	KS1	社区成员愿意互相分享他们的知识和经验	Van den Hooff 等（2004），Chiu（2015）
	KS2	在讨论问题时，成员尽其所能地分享他们的观点和意见	
	KS3	成员们愿意尽其所能地回答其他成员的问题	

4.1.4 问卷设计

本问卷包括基本信息、社会资本对在线品牌社区消费者知识分享的影响的测量两大部分，社会资本的量表主要采用 Nahapiet 和 Ghoshal（1998），Tsai 和 Ghoshal（1998），Chiu 等（2006）已经开发的成熟量表，又根据实际所需有所删减；泛家意识的量表借鉴丛中和安莉娟（2004），Albanesi 等（2007），Lin（2008）和赵建彬（2015）的主体量表内容；自我效能的量表选取 Hsu 等（2007）、崔丽娟等（2008）和张玉红（2013）的量表形成 4 个测量问项；知识分享的测量借鉴了 Van den Hooff 等（2004），Chiu（2015）的测量量表。调查问卷的选项形式采用李克特（Liket Scale）5 级量表，1~5 分别是“非常不同意、不同意、一般、同意、非常同意”，让调查对象根据自己的实际情况和感受进行选择。

4.2 调查对象

本次问卷调查的对象主要是在线品牌社区中的成员，问卷首先介绍了什么叫作在线品牌社区和知识分享，并在第一部分基础信息中设置了三大类在线品牌社区以供选择，其中包括手机品牌社区、机动车类品牌社区、化妆品类品牌社区。本研究认为这三大类品牌社区比较有代表性，覆盖的人群也相对较广。调查方式采用问卷星申请推荐的形式来进行，通过付费的方式，来吸引访问者填写，此种方法的问卷回收速度较快。最后共回收了401份问卷，经过对问卷的初步整理，剔除有明显规律性的选项、明显雷同项的问卷60份，最后保留了341份有效问卷，有效问卷回收率为85.04%。

4.3 样本的基本特征

本次调查问卷的题目为“社会资本对在线品牌社区消费者知识分享的影响研究”，问卷内容包括基本信息、社会资本对在线品牌社区消费者知识分享的影响的测量两大部分，采取问卷星申请推荐的形式来进行回收问卷。有效问卷样本详细信息如表4-8所示。

表4-8　研究样本的基本特征汇总

人口统计特征		样本数/份	百分比/%
性别	男	168	49.3
	女	173	50.7

续表

人口统计特征		样本数/份	百分比/%
年龄	13~18 岁	1	0. 3
	19~24 岁	43	12. 6
	25~30 岁	125	36. 7
	31~40 岁	125	36. 7
	40 岁以上	47	13. 8
受教育程度	初中	2	0. 6
	高中	19	5. 6
	大学	289	84. 8
	研究生	31	9. 1
月收入	无收入	13	3. 8
	<3000 元	23	6. 7
	3001~5000 元	106	31. 1
	5001~8000 元	124	36. 4
	>8000 元	75	22. 0
经常访问的品牌社区	手机类品牌社区	229	67. 2
	机动车类品牌社区	62	18. 2
	化妆品类品牌社区	50	14. 7
访问社区的动机	分享知识	68	19. 9
	获得信息	264	77. 4
	互动聊天	9	2. 6
访问社区的频率	每天	58	17. 0
	2~3 天	133	39. 0
	4~5 天	98	28. 7
	6~7 天	23	6. 7
	7 天以上	29	8. 5

续表

人口统计特征		样本数/份	百分比/%
加入社区的时间	<6 个月	34	10.0
	6~12 个月	113	33.1
	1~2 年	104	30.5
	2~3 年	54	15.8
	3~5 年	29	8.5
	5 年以上	7	2.1

从表 4-8 中可以看出此次调查的对象男女比例接近 1：1，年龄集中在 25~40 岁的人群，受教育程度是大学的居多，月收入集中于 3000~8000元。调查对象中有 67.2%的人经常访问手机类品牌社区，18.2%的人经常访问机动车类品牌社区，14.7%的人经常访问化妆品类品牌社区。调查对象中有 77.4%的人表示访问社区是为了获得信息，有 19.9%的人是为了分享知识。调查者们访问社区的频率为 2~5 天的居多，且大多数人加入社区的时长为 0.5~2 年。

4.4 信度检验

信度实质上是指测量问卷的结果是否可靠，或被测者是否认真地回答了样本问题。本研究使用 Cronbach's α（克朗巴哈）系数来检测测验结果是否真实地反映了被测者的稳定的、一致性的特征。

结构资本整体量表 Cronbach's α 系数为 0.919>0.70，网络密度、网络中心性的 α 系数分别为 0.804、0.901，均大于 0.70，因此，认为结构资本测量数据内部一致性较高。认知资本整体量表 Cronbach's α 系数为 0.759>0.70，因此，认为认知资本测量数据内部一致性较高。泛家意识整体量表 Cronbach's α 系数为 0.886>0.70，安全感、情感归

属的 α 系数分别为 0. 733、0. 820，均大于 0. 70，因此笔者认为泛家意识测量数据内部一致性较高。自我效能测量量表的 α 系数为 0. 653，知识分享测量量表的 α 系数为 0. 636，虽然两个量表的 α 系数都小于 0. 70，但因为两个量表包含的测项较少，其 α 系数大于 0. 6 也是可以接受的。分析结果表明自我效能和知识分享数据的内部一致性均较好（见表 4-9）。

表 4-9　整体量表信度分析结果

调查量表	Cronbach's α 系数	N of Items
结构资本	0. 919	8
认知资本	0. 759	6
泛家意识	0. 886	11
自我效能	0. 653	4
知识分享	0. 636	3

4. 5　效度检验

效度就是指测验分数与期望分数的一致性，换句话说，它表明测验分数是否能真实反映出它想要测量的特征。本研究选用一种常见而简单的效度检验，就是 KMO 值和 Bartlett 球形检验。

（1）结构资本的效度检验

表 4-10　结构资本的 KMO 值和 Bartlett 球形检测

样本的 KMO 值	0. 930	
Bartlett 球形检验	近似方卡值	1735. 476
	自由度（Df）	28
	显著度（Sig.）	0. 000

由表 4-10 显示的数据可知：结构资本的 KMO 值为 0. 930，大于建议的 0. 70，Bartlett 球体检验的卡方值为 1735. 476，自由度为 28，显著性系数为 0. 000，表明结构资本测量量表效度结构较好。

（2）认知资本的效度检验

表 4-11　认知资本的 KMO 值和 Bartlett 球形检测

样本的 KMO 值	0. 821	
Bartlett 球形检验	近似方卡值	397. 925
	自由度（Df）	15
	显著度（Sig.）	0. 000

由表 4-11 显示的数据可知：认知资本的 KMO 值为 0. 821，大于建议的 0. 70，Bartlett 球体检验的卡方值为 397. 925，自由度为 15，显著性系数为 0. 000，表明认知资本测量量表效度结构较好。

（3）泛家意识的效度检验

表 4-12　泛家意识的 KMO 值和 Bartlett 球形检测

样本的 KMO 值	0. 926	
Bartlett 球形检验	近似方卡值	1380. 054
	自由度（Df）	55
	显著度（Sig.）	0. 000

由表 4-12 显示的数据可知：泛家意识的 KMO 值为 0. 926，大于建议的 0. 70，Bartlett 球体检验的卡方值为 1380. 054，自由度为 55，显著性系数为 0. 000，表明泛家意识测量量表效度结构较好。

（4）自我效能的效度检验

表 4-13 自我效能的 KMO 值和 Bartlett 球形检测

样本的 KMO 值	0.705	
Bartlett 球形检验	近似方卡值	180.992
	自由度（Df）	6
	显著度（Sig.）	0.000

由表 4-13 显示的数据可知：自我效能的 KMO 值为 0.705，大于建议的 0.70，Bartlett 球体检验的卡方值为 180.992，自由度为 6，显著性系数为 0.000，表明自我效能测量量表效度结构较好。

（5）知识分享的效度检验

表 4-14 知识分享的 KMO 值和 Bartlett 球形检测

样本的 KMO 值	0.631	
Bartlett 球形检验	近似方卡值	139.189
	自由度（Df）	3
	显著度（Sig.）	0.000

由表 4-14 显示的数据可知：知识分享的 KMO 值为 0.631，大于建议的 0.60，Bartlett 球体检验的卡方值为 139.189，自由度为 3，显著性系数为 0.000，表明知识分享测量量表效度结构较好。

4.6 描述性统计分析

本量表采用五点评分法，因此中位数等于 3，从表 4-15 的结果中可以看出：网络密度的均值和标准差为 3.61±0.76 分，网络中心性的均值和标准差为 3.25±0.99 分，共同语言的均值和标准差为 3.88±0.58

分，共同愿景的均值和标准差为 4. 02±0. 54 分，安全感的均值和标准差为 3. 94±0. 54 分，情感归属的均值和标准差为 3. 87±0. 59 分，自我效能的均值和标准差为 3. 92±0. 53 分，知识分享的均值和标准差为 4. 07±0. 53 分。

表 4-15　调查样本的描述性分析（Descriptive Statistics）

因子	样本量	最小值	最大值	平均值	标准差
网络密度	341	1. 25	5. 00	3. 6114	0. 76291
网络中心性	341	1. 00	4. 75	3. 2507	0. 98546
共同语言	341	1. 00	4. 67	3. 8837	0. 57833
共同愿景	341	1. 67	5. 00	4. 0176	0. 53962
安全感	341	2. 00	5. 00	3. 9367	0. 54144
情感归属	341	1. 50	5. 00	3. 8656	0. 58698
自我效能	341	2. 25	5. 00	3. 9230	0. 52662
知识分享	341	2. 00	5. 00	4. 0655	0. 53377

4. 7　相关性分析

为了解社会资本各维度、泛家意识与知识分享之间所呈现的影响关系，运用相关分析研究社会资本与泛家意识、社会资本与知识分享、泛家意识与知识分享各变量在发展方向和大小方面是否存在密切关系，如表 4-16 所示。

表 4-16 相关性分析（Correlations）

		网络密度	网络中心性	共同语言	共同愿景	安全感	情感归属	自我效能	知识分享
网络密度	Pearson 相关性	1	0.823**	0.589**	0.479**	0.623**	0.679**	0.608**	0.398**
	显著性（双侧）		0.000	0.000	0.000	0.000	0.000	0.000	0.000
	N	341	341	341	341	341	341	341	341
网络中心性	Pearson 相关性	0.823**	1	0.536**	0.367**	0.533**	0.633**	0.594**	0.310**
	显著性（双侧）	0.000		0.000	0.000	0.000	0.000	0.000	0.000
	N	341	341	341	341	341	341	341	341
共同语言	Pearson 相关性	0.589**	0.536**	1	0.666**	0.661**	0.706**	0.683**	0.596**
	显著性（双侧）	0.000	0.000		0.000	0.000	0.000	0.000	0.000
	N	341	341	341	341	341	341	341	341
共同愿景	Pearson 相关性	0.479**	0.367**	0.666**	1	0.683**	0.670**	0.612**	0.691**
	显著性（双侧）	0.000	0.000	0.000		0.000	0.000	0.000	0.000
	N	341	341	341	341	341	341	341	341
安全感	Pearson 相关性	0.623**	0.533**	0.661**	0.683**	1	0.840**	0.714**	0.629**
	显著性（双侧）	0.000	0.000	0.000	0.000		0.000	0.000	0.000
	N	341	341	341	341	341	341	341	341

续表

		网络密度	网络中心性	共同语言	共同愿景	安全感	情感归属	自我效能	知识分享
情感归属	Pearson 相关性	0.679**	0.633**	0.706**	0.670**	0.840**	1	0.734**	0.602**
	显著性（双侧）	0.000	0.000	0.000	0.000	0.000		0.000	0.000
	N	341	341	341	341	341	341	341	341
自我效能	Pearson 相关性	0.608**	0.594**	0.683**	0.612**	0.714**	0.734**	1	0.645**
	显著性（双侧）	0.000	0.000	0.000	0.000	0.000	0.000		0.000
	N	341	341	341	341	341	341	341	341
知识分享	Pearson 相关性	0.398**	0.310**	0.596**	0.691**	0.629**	0.602**	0.645**	1
	显著性（双侧）	0.000	0.000	0.000	0.000	0.000	0.000	0.000	
	N	341	341	341	341	341	341	341	341

注：** 表示在 0.01 的水平（双侧）上显著相关。

（1）社会资本各维度与泛家意识相关分析

社会资本四个维度与泛家意识中安全感的相关系数分别为 0.623、0.533、0.661、0.683，相关系数对应的 P 值均小于 0.01，证明这四个层面的社会资本与泛家意识中安全感均具有显著的正相关性；社会资本四个维度与泛家意识中情感归属的相关系数分别为 0.679、0.633、0.706、0.670，相关系数对应的 P 值均小于 0.01，证明这四个层面的社会资本与泛家意识中情感归属均具有显著的正相关性，即品牌社区成员感知到的社会资本越强烈，其在社区内的泛家意识也相应越高。

（2）社会资本各维度与知识分享相关分析

社会资本四个维度与知识分享的相关系数分别为 0. 398、0. 310、0. 596、0. 691，对应的 P 值均小于 0. 01，说明这四个层面的社会资本与知识分享均具有显著的正相关性，即品牌社区成员感知到的社会资本越强烈，成员的知识分享行为就越多。

（3）泛家意识与知识分享相关分析

泛家意识两个维度安全感和情感归属与知识分享的相关系数分别为 0. 629 和 0. 602，对应的 P 值均小于 0. 01，说明泛家意识两个维度与知识分享具有显著的正相关性，即社区成员的泛家意识越强烈，成员的知识分享行为就越多。

4. 8 模型检验

为深入探究社会资本、泛家意识与知识分享之间的关系，用路径分析法来分析网络密度、网络中心性、共同语言、共同愿景对泛家意识的影响作用以及泛家意识对知识分享的影响作用，用回归分析法来分析泛家意识的中介作用以及自我效能在泛家意识与知识分享间的调节作用。

4. 8. 1 路径分析

本研究利用 ANOS 对研究模型的路径系数进行了显著性检验。表 4-17给出了潜变量之间结构关系的标准化路径系数的估计值、P 值结果。网络密度对安全感和情感归属有显著正向影响，标准化路径系数分别为 0. 255 和 0. 191。而网络中心性对安全感的影响不显著，影响系数为 0. 05，但其却对情感归属有正向的影响。共同语言和共同愿景对泛家意识有积极的影响，其中对安全感的影响路径系数分别为 0. 214 和

0.395；对情感归属的影响路径系数分别为0.260和0.326。最后，社区成员对品牌社区的泛家意识（安全感和情感归属）越强烈，在线品牌社区成员的知识分享行为就越多，其影响路径系数分别为0.428和0.257。因此，本研究的假设H1a、H1b、H2b、H3a、H3b、H4a、H4b得到验证，假设H2a没有得到验证。

表4-17 路径系数的显著性检验

			未标准化路径系数估计	S. E.	C. R.	P值	Label	标准化路径系数估计
安全感	<——	网络密度	0.181	0.046	3.963	***	par_ 1	0.255
情感归属	<——	网络密度	0.147	0.045	3.241	0.001	par_ 2	0.191
安全感	<——	网络中心性	0.035	0.034	1.045	0.296	par_ 3	0.064
情感归属	<——	网络中心性	0.129	0.033	3.876	***	par_ 4	0.216
安全感	<——	共同语言	0.200	0.048	4.192	***	par_ 5	0.214
情感归属	<——	共同语言	0.264	0.047	5.588	***	par_ 6	0.260
安全感	<——	共同愿景	0.396	0.047	8.457	***	par_ 7	0.395
情感归属	<——	共同愿景	0.355	0.046	7.635	***	par_ 8	0.326
知识分享	<——	安全感	0.412	0.053	7.831	***	par_ 9	0.428
知识分享	<——	情感归属	0.228	0.049	4.699	***	par_ 10	0.257

注：***表示在0.01的水平上显著，括号中是相应的C.R.值，即t值。

4.8.2 回归分析

为深入探究社会资本、泛家意识与知识分享之间的关系，用回归分析法来分析网络密度、网络中心性、共同语言、共同愿景对泛家意识与知识分享的影响作用，以及自我效能在泛家意识与知识分享间的调节作用。

（1）社会资本各维度对知识分享的影响分析

以网络密度、网络中心性、共同语言、共同愿景为自变量，因变量为知识分享，结果显示，调整后 R^2 为 0.506，自变量的解释度达到 50.6%>30%，代入回归方程检测得到，F = 88.125，P 值明显小于 0.01，表示建立的回归模型具有较好的拟合度。社会资本共同语言和共同愿景两个维度的回归系数分别为 0.231、0.518，t 值分别等于 4.398、10.042，对应的 P 值均小于 0.01，说明共同语言和共同愿景两个维度均会对知识分享产生正向影响作用且影响显著，但是网络密度和网络中心性的回归系数分别为 0.027、-0.026，对应的 P 值为 0.587、0.479，说明网络密度和网络中心性对知识分享的正向影响作用不显著。具体回归分析的结果如表 4-18 所示。

表 4-18 社会资本各维度对知识分享的回归分析

预测变量	因变量：知识分享			
	模型 1			
	未标准化回归系数	标准化回归系数	t	Sig.
（常数）	1.073		6.633	0.000
网络密度	0.027	0.039	0.544	0.587
网络中心性	-0.026	-0.048	-0.708	0.479
共同语言	0.231**	0.250	4.398	0.000
共同愿景	0.518**	0.524	10.042	0.000
R^2	0.512			
调整 R^2	0.506			
F	88.125**	0.000		

注：** 表明 P<0.01。

（2）社会资本各维度对泛家意识的影响分析

以网络密度、网络中心性、共同语言、共同愿景为自变量，因变量为安全感，结果显示，调整后 R^2 为 0.599，自变量的解释度达到

59.9%>30%，代入回归方程检测得到，F = 128.203，P 值明显小于 0.01，表明建立的回归模型具有较好的拟合度。社会资本网络密度、共同语言、共同愿景三个维度的回归系数分别为 0.181、0.200、0.396，t 值分别等于 3.939、4.168、8.408，对应的 P 值均小于 0.01，证明这三个维度的社会资本均会对安全感产生正向影响作用且影响显著，但网络中心性的回归系数为 0.035，对应的 P 值为 0.3，证明网络中心性对安全感的正向影响作用不显著。因此，假设 H1a、H3a、H4a 得到验证，H2a 没有得到验证。可建立回归分析方程：安全感 = 0.181 网络密度+0.200 共同语言+0.396 共同愿景+0.800。因变量为情感归属时，结果显示，调整后 R^2 为 0.665，自变量的解释度达到 66.5%>30%，代入回归方程检测得到，F = 169.763，P 值明显小于 0.01，表明建立的回归模型具有较好的拟合度。社会资本四个维度的回归系数分别为 0.147、0.129、0.264、0.355，t 值分别等于 3.222、3.854、5.555、7.590，对应的 P 值均小于 0.01，证明这四个维度的社会资本均会对情感归属产生正向影响作用且影响显著。因此，假设 H1b、H2b、H3b、H4b 得到验证。可建立回归分析方程：情感归属 = 0.147 网络密度+0.129 网络中心性+0.264 共同语言+0.355 共同愿景+0.465。具体回归分析的结果如表 4-19、表 4-20 所示。

表 4-19　社会资本各维度对安全感的回归分析

预测变量	因变量：安全感			
	模型 2			
	未标准化回归系数	标准化回归系数	t	Sig.
（常数）	0.800		5.410	0.000
网络密度	0.181 **	0.255	3.939	0.000
网络中心性	0.035	0.064	1.039	0.300
共同语言	0.200 **	0.214	4.168	0.000

续表

预测变量	因变量：安全感			
	模型 2			
	未标准化回归系数	标准化回归系数	t	Sig.
共同愿景	0.396**	0.395	8.408	0.000
R^2	0.604			
调整 R^2	0.599			
F	128.203**		0.000	

注：** 表明 P<0.01。

表 4-20　社会资本各维度对情感归属的回归分析

预测变量	因变量：情感归属			
	模型 3			
	未标准化回归系数	标准化回归系数	t	Sig.
（常数）	0.465		3.173	0.002
网络密度	0.147**	0.191	3.222	0.001
网络中心性	0.129**	0.216	3.854	0.000
共同语言	0.264**	0.260	5.555	0.000
共同愿景	0.355**	0.326	7.590	0.000
R^2	0.669			
调整 R^2	0.665			
F	169.763**		0.000	

注：** 表明 P<0.01。

（3）泛家意识对知识分享的影响分析

以泛家意识的安全感和情感归属为自变量，因变量为知识分享，结果显示，调整后 R^2 为 0.411，自变量的解释度达到 41.1%>30%，代入回归方程之后检测得到，F=119.524，P 值明显小于 0.01，表明建立的回归模型具有较好的拟合度。安全感和情感归属的回归系数为 0.412、0.228，t 值等于 5.447、3.268，对应的 P 值小于 0.01，证明泛家意识对知识分享产生显著的正向影响。因此，假设 H5 得到验证。同时，可建立回归分析方程：知识分享 = 0.412 安全感+0.228 情感归属+1.560。具体回归分析结果如表 4-21 所示。

表 4-21　泛家意识对知识分享的回归分析

预测变量	因变量：知识分享			
	模型 4			
	未标准化回归系数	标准化回归系数	t	Sig.
(常数)	1.560		9.500	0.000
安全感	0.412**	0.418	5.447	0.000
情感归属	0.228**	0.251	3.268	0.001
R^2	0.414			
调整 R^2	0.411			
F	119.524**		0.000	

注：** 表明 P<0.01。

（4）泛家意识在社会资本和知识分享之间的中介作用

证明泛家意识是否能起到中介作用，需满足 4 个前提：①社会资本会对知识分享产生显著影响；②社会资本会对泛家意识产生显著影响；③泛家意识对知识分享产生显著影响；④当社会资本和泛家意识对知识分享进行营销作用分析时，社会资本会受到泛家意识的干扰，对知识分享的影响变弱或消失。

表 4-18~表 4-21 已经部分验证了前三个前提，表 4-22 和表 4-23 对第四个前提展开分析。回归分析结果显示，当安全感和情感归属各为中介变量时，社会资本共同语言和共同愿景两个维度对知识分享的回归系数均有所下降，但 P 值仍小于 0.01，因此笔者认为在泛家意识中介作用下，社会资本两维度对知识分享的影响作用仍然显著。而泛家意识仍对知识分享产生显著的正向影响（P<0.01），且中介作用下社会资本

两维度的回归系数绝对值均小于社会资本两维度直接影响知识分享下的系数绝对值。这说明泛家意识在社会资本共同语言、共同愿景两维度和知识分享中起部分中介作用，而泛家意识在社会资本网络密度、网络中心性和知识分享中没有起到中介作用。

表 4-22 安全感的中介作用回归分析

预测变量	因变量：知识分享			
	模型 5			
	未标准化回归系数	标准化回归系数	t	Sig.
(常数)	0. 860		5. 247	0. 000
网络密度	-0. 021	-0. 030	-0. 420	0. 675
网络中心性	-0. 036	-0. 066	-0. 988	0. 324
共同语言	0. 178 **	0. 192	3. 395	0. 001
共同愿景	0. 412 **	0. 417	7. 479	0. 000
安全感	0. 267 **	0. 271	4. 604	0. 000
R^2	0. 541			
调整 R^2	0. 534			
F	78. 978 **		0. 000	

注：** 表明 P<0. 01。

表 4-23 情感归属的中介作用回归分析

预测变量	因变量：知识分享			
	模型 6			
	未标准化回归系数	标准化回归系数	t	Sig.
(常数)	0. 973		6. 003	0. 000
网络密度	-0. 004	-0. 006	-0. 086	0. 932
网络中心性	-0. 054	-0. 100	-1. 456	0. 146
共同语言	0. 174 **	0. 189	3. 228	0. 001
共同愿景	0. 441 **	0. 446	8. 052	0. 000
情感归属	0. 216 **	0. 237	3. 647	0. 003
R^2	0. 531			

续表

预测变量	因变量：知识分享			
	模型 6			
	未标准化回归系数	标准化回归系数	t	Sig.
调整 R^2	0. 524			
F	75. 741 **		0. 000	

注：** 表明 P<0. 01。

（5）自我效能在泛家意识和知识分享之间的调节作用

从表 4-24、表 4-25 中可以看出，在考虑自我效能的调节作用模型中，安全感、情感归属对知识分享的正向影响依然显著，其回归系数分别为 0. 686、0. 497，且在 0. 05 的概率水平下显著。但安全感和自我效能的乘积项及情感归属和自我效能的乘积项对知识分享的回归系数分别为-0. 093、-0. 065，P>0. 05，此结果表明自我效能在泛家意识和知识分享之间不存在明显的正向影响作用，即自我效能在泛家意识和知识分享之间不具有调节作用，假设 H7 不成立。

表 4-24　自我效能在安全感和知识分享间的调节作用回归分析

预测变量	因变量：知识分享			
	模型 7			
	未标准化回归系数	标准化回归系数	t	Sig.
（常数）	-0. 192		-0. 210	0. 834
安全感	0. 686 **	0. 696	2. 856	0. 005
自我效能	0. 766 **	0. 756	3. 066	0. 002
安全感×自我效能	-0. 093	-0. 659	-1. 485	0. 139
R^2	0. 477			
调整 R^2	0. 473			
F	102. 625 **		0. 000	

注：** 表明 P<0. 01。

表 4-25 自我效能在情感归属和知识分享间的调节作用回归分析

预测变量	因变量：知识分享			
	模型 8			
	未标准化回归系数	标准化回归系数	t	Sig.
（常数）	0. 417		0. 494	0. 622
情感归属	0. 497 *	0. 546	2. 201	0. 028
自我效能	0. 696 **	0. 687	2. 973	0. 003
情感归属 * 自我效能	-0. 065	-0. 480	-1. 106	0. 269
R^2	0. 454			
调整 R^2	0. 449			
F	93. 400 **		0. 000	

注：* 表明 P<0. 05；** 表明 P<0. 01。

4. 8. 3 模型验证结果

通过用 AMOS 对数据进行了路径分析，用 SPSS 对中介效用、调节效用进行了回归分析之后，得出本研究的基本假设验证结果，如图 4-26所示。

表 4-26 基本假设验证结果

研究假设	验证情况
H1a：网络密度越高，在线品牌社区成员的安全感越强	支持
H1b：网络密度越高，在线品牌社区成员的情感归属越强	支持
H2a：在线品牌社区成员距离网络中心越近，安全感越强	不支持
H2b：在线品牌社区成员距离网络中心越近，情感归属越强	支持
H3a：在线品牌社区成员间存在共同语言，安全感强	支持
H3b：在线品牌社区成员间存在共同语言，情感归属强	支持
H4a：在线品牌社区成员间存在共同愿景，安全感强	支持

续表

研究假设	验证情况
H4b：在线品牌社区成员间存在共同愿景，情感归属强	支持
H5a：安全感越强，消费者的知识分享行为就越多	支持
H5b：情感归属越强，消费者的知识分享行为就越多	支持
H6a：安全感在在线品牌社区社会资本对消费者知识分享的影响中起中介作用	部分支持
H6b：情感归属在在线品牌社区社会资本对消费者知识分享的影响中起中介作用	部分支持
H7a：对于自我效能较高的消费者，安全感越强，产生的知识分享行为就越多	不支持
H7b：对于自我效能较高的消费者，情感归属越强，产生的知识分享行为就越多	不支持

4.9 模型修正

从以上的分析结果中可以看出，成员在在线品牌社区里感知到的社会资本中网络密度、共同语言、共同愿景均对泛家意识中安全感产生直接而显著的正向影响。其中网络密度→安全感的路径系数为 0.255（P<0.01），共同语言→安全感的路径系数为 0.214（P<0.01），共同愿景→安全感的路径系数为 0.395（P<0.01），但网络中心性→安全感的路径系数为 0.064，对应的 P 值为 0.296，因此网络中心性对安全感的影响作用不显著。网络密度、网络中心性、共同语言、共同愿景均会对泛家意识中的情感归属产生直接而显著的影响，其直接影响效应为：网络密度→情感归属的路径系数为 0.191（P<0.001），网络中心性→情感归属的路径系数为 0.216（P<0.01），共同语言→情感归属的路径系数为 0.260（P<0.01），共同愿景→情感归属的路径系数为 0.326（P<0.01）。泛家意识中的安全感和情感归属均对知识分享有直接而显著的正向影响，其中安全感→知识分享的路径系数为 0.428（P<0.01），情感归属→知识分享的路径系数为 0.257（P<0.01）。当自我效能作为调

节变量时，安全感、情感归属对知识分享的正向影响依然显著，其回归系数分别为0.686、0.497，且在0.05的概率水平下显著。但安全感和自我效能的乘积项及情感归属和自我效能的乘积项对知识分享的回归系数分别为-0.093、-0.065，P>0.05，此结果表明自我效能在泛家意识和知识分享之间不存在明显的正向影响作用，即自我效能在泛家意识和知识分享之间不具有调节作用。因此，将本研究的模型修正如图4-1所示。

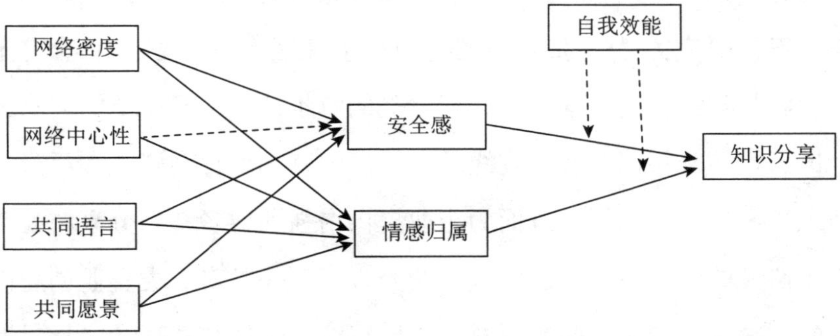

图4-1 本研究修正后的理论模型

5 案例研究

为了探索消费者在在线品牌社区中进行知识分享的影响因素，该部分采用了案例研究方法。案例研究方法有利于探究事物的发展过程，解释过程背后的隐含因素，分析各种事物现象间的共同点与区别。本研究采用多案例研究方法，选取手机类的小米社区、机动车类的哈雷车主会、化妆品类的兰蔻玫瑰社区、家电类的海尔社区、娱乐类的网易云音乐社区，定性分析消费者在在线品牌社区中感知到社会资本和泛家意识时所表现出的行为结果，进而为企业提供增强消费者知识分享的策略。

本研究的资料主要来源于以下两个方面：一是对五类企业创立以来公开的文书、书籍和新闻等资料的长期跟踪、收集与整理；二是对五类在线品牌社区进行实名注册，作为品牌社区成员与其他成员进行沟通和交流，感受品牌社区的氛围，进而收集到的相关资料。

5.1 小米社区案例

5.1.1 小米公司简介

北京小米科技有限责任公司（以下简称小米公司），是由前谷歌、金山等顶尖高手于2010年4月创建的一家专注于自主研发智能设备的互联网科技公司。小米公司相较于其他传统手机厂商，在产品的研发、设计、推广、市场营销等方面充分利用了互联网，并在互联网上搭建了自身的多个自媒体平台与用户开展互动，如社区论坛、官方网站、微博、微信公众号等，在很短的时间内，就成为国内手机厂商中的佼佼者。公司主要专注于新一代智能手机软件开发和热点移动互联网业务，拥有米聊、MIUI（米柚）、小米手机三大核心产品，而每个核心产品的背后都有专属的网上社区，供使用者、爱好者进行沟通交流以改进公司产品和服务。2010年12月，小米公司推出一款目前世界三大主要手机平台（iPhone，Android，Symbian）和国内三大主要手机运营商（电信、移动、联通）用户都可以使用的即时免费社交工具——米聊，半年内社区注册用户就突破300万人，通过米聊可以实现与联系人实时语音对话，发送在线信息和传送、接收图片等功能，并且只需消耗少量流量，不需花费话费。除此以外，小米公司还建立了MIUI论坛，定期向用户开放MIUI系统免费下载，在2011年下半年开始在全国主要城市建立直营的客服中心——小米之家，现在已打造完成自身完整的线上及线下营销链条。

小米公司对操作系统的开发建立在互联网模式基础上，在手机功能的改进过程中，充分调动顾客参与的积极性，这种独特的开发和改进模式在移动互联网运营行业中实属首创。有了MIUI和米聊的铺垫以及"饥饿营销"的造势，小米手机还未发行，就积累了大量忠实追随者，这些追随者被称为"米粉"。小米手机这样为自己定位："小米，为发烧而生"，高性价比的源泉正是来自创新可以媲美苹果，而价格低至山寨。此外，小米利用产品论坛、在线社区、企业微博等先进的互联网方式同"米粉"进行互动，收集增强顾客满意的改进意见、优化措施和发布手机改进、产品更新方面的最新进度等各类消息，将这种典型的移动互联网模式深入到企业经营管理和服务创新的各个方面，即MIUI手机操作系统、社交工具"米聊"连带各种应用软件和小米手机终端三大核心产品齐头并进，相互影响，通过相互之间的乘法效应极大地促进了企业的发展，同时有利于提高用户黏性和用户满意度，最终提升用户量。

MIUI 系统是深度定制、优化的 Android 系统，是由手机发烧友历时两个多月开发出的第三方手机操作系统，该系统在发布 50 多周后，就被翻译为 23 种语言，受到全球 50 万名发烧友的极力追捧，形成了“MIUI 发烧现象”。MIUI 开发者从中国消费者的使用习惯出发，对电话和短信功能进行了深度优化，努力为用户提供智能手机中最简便快捷的电话及短信使用体验，同时将用户意见和建议融合到手机功能的开发中。MIUI 利用其全球最大的主题库和解锁方式构建了上千种搭配组合，使得用户可以为自己量身设置各式各样的主题界面及各种各样的平面操作特效，将服务深化至添加桌面工具方式的多样性以及编辑方式的独创性设计，还对传统的手机基本功能进行创新，如电话本扩展、通话录音、批量添加联系人和短信超快群发等。为进一步持续改进和更新其操作系统，使其更加符合用户需要，公司选择部分用户对产品进行测试，收集体验经验和相关优化建议，在每周五定期进行相关改进工作，“橙色星期五”就是由此而得名并发展成为全球发烧友的节日。社区的用户在系统测试和发展的过程中做出了巨大贡献，他们不仅提供了大量创意，甚至会直接提供改进方式和代码，充分发挥了手机发烧友的力量。

5.1.2 小米公司文化

小米科技有着自身独特的文化，小米的成功离不开企业文化的作用。小米的企业文化主要有以下四个方面。

5.1.2.1 制度文化

(1) 崇尚自由。没有森严的等级，每一名员工都是平等的，每一位同事都是自己的伙伴。

（2）创新。快速的互联网文化专注于高端智能机的创新研发，首创用互联网方式来打造一个手机品牌，首创用互联网模式开发手机操作系统 MIUI，首创软件、硬件、互联网服务一体，首创一周快速迭代，首创 CPS 的社交方式，首创四大核心业务：手机、MIUI、米聊、小米网。

（3）开放，信任。小米操作系统 MIUI 借用安卓厂商对手机自身权限的开放性，给用户带来了本土化的手机操作。系统研发平台 MIUI 是开放的，研发者可以开发各种程序；销售平台是开放的，小米的研发人员根据消费者提出的软件要求进行开发，相信用户就是驱动力，坚持“为发烧而生”的产品理念。

5.1.2.2 全方位的服务文化

（1）与广泛的客户互动，研发人员主要从官方网站、论坛社区、客服、微博、定期同城会等服务手段第一时间接到用户意见和反应，为客户提供快捷、高效、优质的服务。

（2）满足个性化定制需求，如个性化定制后盖的服务。

（3）制订客户忠诚度计划。首先，小米通过 24 小时电话客服，小米之家、微博、米聊等一系列服务方式，为客户提供便捷、快速的服务方式，保证服务质量和服务效果。其次，也很重视客户关系网的维系。最后就是小米理念的灌输。

5.1.2.3 营销文化

小米的营销文化中，“饥饿营销”的战略是最成功的。“饥饿营销”是指商品提供者有意调低产量以期达到调控供求关系，制造供不应求的假象，维持商品较高售价和利润率的目的。“饥饿营销”的最终作用不仅是为了调高价格、赚取更大的利润，更是为了使品牌产生高额的附加价值，从而为品牌树立起高价值的形象。

5.1.2.4 米粉文化

“无米粉，不小米”这句话就道明了“米粉”对于小米企业发展的重要性，也是小米的特色企业文化之一。雷军常说“因为米粉，所以小米”。“米粉”除带来丰富的销量外，还提升了品牌影响力，“米粉”的热情和忠诚度，让更多人知道小米，成为小米的粉丝，然后像滚雪球一样使越来越多的人加入“米粉”的行列，进一步促进了小米的销量。如果说小米是成功的，那么它最成功的一点便是塑造了自己的粉丝文化，让粉丝成为产品的代言人，去宣传小米的优点，去维护小米的品牌荣誉，所以说“米粉”成就了小米也毫不为过。

5.1.3 小米公司的发展

（1）起步阶段

2010 年 4 月，小米公司注册成立，总部位于被称为中国硅谷的北京中关村银谷大厦。2010 年 8 月，小米发布了首个专为中国人习惯设计，全面改进原生体验的基于 Android 系统深度优化、定制的系统包 MIUI，因极受手机发烧友的欢迎而产生了一定的影响，从而奏响了小米进军手机市场的前奏。同年年底推出了手机实名社区——米聊，推出半年内注册用户突破 300 万人，在国内引起了广泛关注。2011 年 7 月 12 日，小米团队通过媒体沟通会发布了小米手机，宣布正式进入手机市场。2011 年 10 月 20 日小米手机通过小米网开卖，仅用 3 个月时间销量就突破了 100 万台，月营销收入也超过了 10 亿元人民币。至此，MIUI、米聊和小米手机三大核心产品的相继推出，小米成为业界最受关注的一匹黑马，开始步入快速发展时期。

（2）快速发展阶段

在雷军的“专注、极致、口碑、快”和“参与感”等互联网思维的影响下，小米实现了爆发式的增长：2012 年 1 年时间小米就实现全年售出手机 719 万台的良好业绩，2013 年继续售出手机 1870 万台，2014 年则创下了 6112 万台的销售纪录，同比增长 227%，2015 年出货量达到 6490 万台。短短 3 年间其增长速度惊人，成为历史上最快实现 20 亿美元销售额的企业之一。

（3）转型发展阶段

随着国内智能手机市场逐渐饱和，小米手机销售也开始出现疲软。2015 年小米手机销售额仅增长 5%，这个事实从侧面说明，在拥有 10 亿级体量的智能设备的中国市场，很难单纯地再依靠已成为一片红海的手机领域实现企业收入的增长。为此，小米启动“米家”品牌，寄希望于通过打造小米生态链实现向智能家居转型。

小米生态链的投资主要围绕以下六大方面：①手机周边，如手机耳机、移动电源、蓝牙音箱；②智能可穿戴设备，如小米手环，未来还会推出小米智能手表；③传统白电的智能化，如净水器、净化器；④优质的制造资源；⑤极客酷玩类产品，如平衡车，未来还将推出小米 3D 打印机；⑥生活方式类，如小米插线板。这些生态链产品虽然暂时与手机关联不大，但却是小米日后建立庞大的物联网所不可或缺的组成部分。正如负责小米国际业务拓展的副总裁雨果·巴拉所说：“我们注重的不是销售手机，而是获得尽可能多的用户。”

5.1.4 小米社区

5.1.4.1 小米社区简介

小米公司成立小米社区论坛要早于小米手机的发布，从中不难发现小米公司的用心之处，小米公司曾经拥有多个社区论坛，包括米聊、小米社区及 MIUI 论坛。最先火起来的是小米社区，小米公司最先在小米社区发布手机预售信息，在很短的时间内小米社区注册用户就突破了几十万人。最先发力的是小米社区的一个板块——MIUI 论坛，是吸引小米用户大量聚集形成小米社区最重要的第一步。小米公司成立 MIUI 论坛的最初目的是通过优质的产品吸引用户下载使用，希望通过初次体验的用户可以带动更多社区成员使用 MIUI 系统。当时国产手机的硬件性能远远不能满足用户的实际所需。在这种情况下，推出操作体验友好的手机软件系统成为打开手机销量的突破口。小米公司正是看准了用户这一需求，开始在各大手机系统刷机论坛发布最新的 MIUI 系统，并最终吸引到最初的 100 位用户成为 MIUI 系统的首批体验者。小米优质的产品获得体验者的认可，加之小米的技术人员在论坛上能够及时反馈用户的提问，于是，MIUI 系统在发烧友中逐渐积累起良好的用户口碑，吸引到更多的用户使用 MIUI 系统。

小米口号是“为发烧而生”，“米粉”则是对小米社区发烧友的称谓。小米为这些核心“米粉”提供了一个可以参与到小米操作系统研发的平台，然后围绕粉丝用户的习惯和需求继续改进，保持与用户需求的同步，最后形成了这种以一周为单位的多频次、小改进研发模式。而且在小米手机推出 MIUI 系统之前，小米公司同意核心“米粉”将 MIUI 操作系统刷到其他手机上，试验 MIUI 系统。所以，MIUI 论坛为小米社区的建立提供了一批忠心的元老粉丝。

在移动互联网时代，人人都是自媒体，随着那些核心发烧级“米粉”的口碑宣传，小米的粉丝和用户数量不断增加，为小米社区的形成发展打下了基础。而小米社区也越来越走近粉丝用户的生活，通过划分用户的兴趣、爱好、经历、资源等将小米社区划分为更多小的社区，已经由普通的用户论坛发展为一个包括米粉杂谈社区、刷机频道社区、爆米花社区、校园俱乐部社区、同城会社区、酷玩帮社区、玩机技巧社区、随手拍社区、才艺秀社区等的开放式分众互动平台。其中，米粉杂谈社区目前在小米众多社区中活跃度排名第一，亦即成员参与度最高，在这里“米粉”可以聊各种话题，分享各种心情，学习各种知识，是一个可以交到更多朋友的小天地。才艺秀社区为小米用户提供了一个展示才艺的平台，它对社区进行了再次细分，分成唱歌、舞蹈、魔术、小品、体育、朗诵、绘画等板块，成员们可以上传自己的才艺作品，也是一个展示自我的机会，社区成员越来越活跃，产生各种各样的内容，大家相互交流学习，增强社区内成员的联系，提升社区服务质量，增强用户满意度。小米论坛是小米用户的互动交流平台，小米学院则是新产品研发数据库，而酷玩帮、同城会和爆米花则是社区内容的主题延伸到现实生活中的社会新闻、休闲娱乐等更多层面。

除社区积累的内容吸引成员外，社区的网页设计也非常美观、简单易用，小米社区板块全面，社区规则完善。论坛除设有“小米播报”板块传递产品最新信息之外，还为用户提供了“玩机天地”“应用区”等用户分享玩机心得、手机应用资源等知识平台，“小米学院”为每位客户成为企业的“员工”，对其他客户进行教育提供了平台。社区具有良好的发帖、回复程序，版面舒适清晰、简洁大方，利于新用户快速掌握使用方法、融入社区，通俗易懂、高水准的网页设计及内容不断增强成员感知服务质量，提升用户的感知价值。

5.1.4.2 小米社区的特征

小米社区通过互联网聚集大量小米粉丝，无论在哪里，无论什么时间，都可以加入其中，相互交流产品或服务体验，实现了超时空、跨地域，延伸拓展了用户社会化空间：游客匿名注册可以在小米平台资源分享交流产品体验，不同的成员可根据个人需求加入不同的圈子等特征都说明了小米社区是一个典型的虚拟社区。

但是，小米社区也具备自身的一些特点，如小米社区非常重视“米粉”的参与感，这是小米的核心理念，在产品开发过程中，为了做出符合粉丝习惯的产品，小米社区广泛地邀请“米粉”成为设计参与者，充分听取“米粉”声音，快速检验试错，快速更新迭代，同样通过参与制完成产品营销和推广，任何米粉都可以成为意见领袖，都可以陪伴小米一起成长。随着产品的上市，粉丝就可以围绕产品发表自己的意见，产生大量内容，实现自媒体。

小米社区的发展是将大圈子化成小圈子，小圈子再化成更小的圈子。它有着自己独特的用户构造，从安卓系统、校园俱乐部、酷玩帮，再到后来的同城会等，都是将具有相同兴趣爱好、共同追求的人聚集在一起，秀出自己的才能，或者一起线下做公益活动，这些参与感会增强成员的存在感和自豪感。有了存在感，成员参与度也就高了，而自豪感也会促进粉丝积极参与活动，最后逐渐上升为对小米社区的忠诚感。

5.1.4.3　小米社区活动

小米社区组织的社群活动种类繁多，根据选择平台的不同，大致可以分为线上活动和线下活动。小米社区的线下活动中，以小米爆米花、小米同城会影响力最大；线上活动中，以小米粉丝节影响力最大。

（1）小米爆米花

在小米社区组织的所有线下活动中，小米爆米花是规模最大的。自小米公司在 2012 年举办小米爆米花活动以来，全国已有 30 多个城市陆续开办该类活动，活动参与人数通常在 300 人以上。活动现场会安排幸运抽奖、互动游戏、才艺表演。爆米花活动起源于 2011 年年底上海、广州粉丝沟通会，活动旨在通过社群的线上及线下之间的联动，以提高小米社区的活跃度，达到增加用户黏度的目的。开展社群线下活动，可以通过粉丝见面会的方式来增强用户对社群的信任感。经常性地开展这样的线下活动，有利于社群的长期良性发展。

小米社区用户可以全程参与爆米花活动。小米社区会先就活动举办地点在论坛发帖吸引粉丝投票，以得票数最高者为爆米花活动的举办城市；活动现场的文艺表演节目也是由社区投票选出；小米爆米花现场由志愿者参与布置。因此，可以说小米爆米花活动对于小米社区的用户而言就是一场盛大的线下聚会。

（2）小米同城会

相对于丰富的线上活动，小米社区也相继开展了自己强大的线下活动，小米同城会是小米用户在线下参与度最高的社群活动之一。截至目前，小米同城会已经完成对全国 31 个省份的覆盖，各个城市的同城会会自发组织线下活动。小米会根据每个城市同城会成员的参与人数，决定举办同城会的先后顺序。小米同城会一般是在小米社区发布置顶活动邀函，邀请居住当地城市的用户参与同城会活动，在现场，用户可以同小米的技术人员展开面对面的交流。

小米同城会的组织方式与车友俱乐部举办模式相似，车友俱乐部是因为共同的爱好而集合，并组织各类形式的活动。而小米社区的用户是因为对小米产品的喜爱相聚在一起。在小米没有举办爆米花活动之前，小米同城会因为其具有固定周期性，成为小米社区开展线下社群活动的主要形式。

（3）“米粉节”活动

“米粉节”可以使社群运营成功变现。2011 年 4 月 6 日是小米公司成立日，小米公司为回馈用户的支持，将 4 月 6 日设立为“米粉节”。在“米粉节”活动中，小米公司会发布新品，公司的高层会现身参与粉丝间的互动。

小米公司举办“米粉节”活动一般采取的模式是：同时以数款高

性价比的硬件产品亮相，通过在自媒体平台如在官网、论坛、微博、微信公众号进行推广宣传。自 2011 年开始，小米与腾讯空间开展渠道合作，通过粉丝在官网参与预售的方式统计订单数据。小米公司再根据统计出的数据制订生产 i 计划和交货周期，并基于“米粉节”后会出现物流峰值的情况，提供完善的物流体系，在整个“米粉节”期间，满足粉丝在预约、网购、物流上的需求。

小米公司通过成功的社群营销积累了大量社群成员，这不仅是因为小米公司提供了优质的产品和服务，还与小米公司经常与小米忠实用户——“米粉”进行互动密不可分。而展开与粉丝间的互动，最直接的办法就是举办粉丝节。在社群营销中开展粉丝节活动，既提高了粉丝参与社群互动的积极性，又能带动企业的持续发展。企业和粉丝之间实现了双赢。

从小米社区的以上活动中，我们不难归纳出其开展品牌社群活动的几点思路：

①优质的产品及用户体验。社群推荐的产品必须满足用户的基本需求，优良的产品品质可以刺激用户购买，友好的用户体验则是产品口碑营销的保障，这是一切的基础，推出优质的产品和服务是成功运营社群的第一步。

②情怀营销。企业在品牌社群中应明确自身的企业使命和精神纲领，并在社群运营过程中让用户获得情感上的共鸣。除此以外，品牌社群还需拥有自身独特的精神气质，如小米公司的创始人雷军，雷军是国内互联网行业最早的开拓者之一，在业界拥有极高的威信，雷军本人又是微博“大 V”，且经常在微博上与喜爱小米产品的用户互动。雷军本人的精神气质与小米公司追求产品极致发烧的情怀高度契合。

③互动运营。社群存在的价值离不开社群与成员间的互动。社群运

营过程中需要引导成员开展交流、讨论、传播，这都需要社群的运营策划，以及对社群活动规则的制定。在小米社区成立发展过程中，小米公司在社群运营中制定的社群活动带动了社群的持续发展。

5.1.5 小米社区中的消费者知识分享

5.1.5.1 小米社区的用户

小米手机社区是整个小米科技商业模式的核心，除了是小米公司销售产品、提供售后服务、进行产品推广的平台外，还是小米手机用户及其他智能手机用户沟通交流的平台。参与小米社区的用户不只是小米手机的使用者，三星、HTC、摩托罗拉等其他使用 Android 操作系统的用户也被精简、高效、及时升级的手机系统所吸引，进而加入小米社区中。小米的狂热者甚至在网络上发布了“米教教义”，以表达对小米的推崇之情。

“米粉”为什么会对小米如此狂热和忠诚？小米科技创始人之一的黎万强这样解释，小米手机具有“活”的手机操作系统，每周五更新升级一次，并有大量用户广泛参与，能够产生很强的示范带动效应。小米公司与顾客建立了和谐的关系，小米产品用户都有很强的主人翁感和忠诚度。顾客的参与，减少了企业自身的投入，小米手机在完成创新任务的同时，也完成了产品品牌和口碑的推广。

5.1.5.2 小米社区中的消费者参与知识分享

在小米社区的“MIUI”板块，用户不仅可以提出在使用手机各种功能过程中遇到的问题，提出相应改进建议，还可以在板块中直接提出解决的方案，直接参与到合作生产中来。小米社区也十分重视与顾客的交流沟通，无论客户在 MIUI 开发板块中以何种方式参与，都会得到 MIUI 开发组的回应，并将问题解决的进度标记在帖子的名称上，论坛中有“处理中”“已解决”“待讨论”“已答复”“已收录”“请补充”等几个处理状态，这样不仅激励了顾客参与服务创新行为，改进了产品的性能，更增强了用户的参与感，提升了顾客的满足感、满意感和成就感。同时，小米论坛的一些帖子以及回帖，如“兄弟加油”“谢谢大力哥”“深圳 11 月线下活动暨庆祝深圳小米之家两周岁生日”等，让许多小米粉丝产生“家”的感觉，会激发他们通过帖子“让米粉视深圳小米之家为自己的家”来表达对小米品牌社区的“家”的热爱。通过对小米社区成员的知识分享内容进行查看和分析，笔者发现其大多存在程度不同的泛家意识：一是对小米社区产生很强的安全感；二是对小米社区有很强的情感归属。表 5-1 列出了小米社区消费者的知识分享内容。

表 5-1 小米社区消费者的知识分享内容

	知识分享内容
安全感	“相信小米，完美的生态链。”
	“喜欢小米的每一款产品，发自内心地喜欢，无须多说。”
	“每一次的小米发布会都会聚集数以千计的米粉。”
	“小米，带来了新国货的春天：让每个人都能享受科技带来的快乐，这不就是广大米粉的幸福嘛！”
情感归属	“小米要与米粉一起走过下一个 9 年、18 年、36 年，我们要一直走下去。”
	“小米的生日，就是米粉的节日。小米的 9 年，就是米粉的 9 年。”
	“期待小米爆米花在更多的城市出现，我们等你！”
	“有米粉不寂寞，小米家宴气氛真好啊！”
	“能够参加小米家宴的米粉是荣幸的。”

（1）分享有关产品的使用经验或对服务的体验

小米社区用户，大多都是小米手机用户或对小米手机特别感兴趣的潜在用户，他们具有相同的爱好和语言，经常会在小米社区中分享自己使用小米手机等相关产品过程中的体验和经历，探讨产品使用的相关话题，顾客全方位地对比了自己使用小米手机 M1 与主要竞争对手魅族手机 MX 的感受，从通信运营商、屏幕尺寸、手机手感，到显示屏分辨率、兼容性能、硬件配置等各个方面。这些内容一方面能够使潜在用户预先体验到该产品或服务，帮助一些有购机欲望的人进行选择；另一方面，提供分享帖子的顾客通过这种行为代替企业员工发挥了为其他顾客提供教育的作用。

（2）分享收集到的资源或技巧

在小米社区中，不同的用户会有自己特别感兴趣的内容，他们会主动收集、总结这些方面的资源或技巧，成为这些方面的专家。通过将自己收集的资源或技巧发布出来，与社区的其他用户共享，替代企业员工为其他顾客提供售后增值服务。对于已经成为“专家”的用户，他们会提出全新的产品使用方法或服务方式，提升自身以及其他顾客感知到的整体价值。

（3）提出使用产品过程中发现的问题或对服务的不满

创新的源头就是“不满意、不满足”，顾客声音（包括顾客抱怨）是最准确的新需求信息，只有倾听顾客的声音、知晓顾客的需求、了解顾客的不满意之处，才能集中优势力量解决问题，形成对顾客最有用的创新模式。能够提出问题和不满意的客户，一方面找到了宣泄的出口，问题如果能够得到妥善解决，反而是企业宣传服务的另类途径；另一方面，顾客花费时间和精力提出不满，而不是直接终止服务，说明他们对产品还是有着浓厚兴趣的，期望企业能够更优秀，能够提供更贴近用户的产品或服务，也只有经常使用产品，忠诚度较高的顾客才会不惜余力地提出不满。

（4）乐于帮助其他顾客解答难题

小米社区提供了顾客交流的平台，之所以能够畅通运行，就是因为除有人提出遇到的难题外，更有大批具有乐于助人精神的顾客，在自己的能力范围内积极帮助他人解决困难，这些顾客除具有丰富的产品使用经验外，还比其他非创新用户掌握更多的相关知识和技术，可能比企业内部负责产品支持的专业人员更有能力解答其他用户遇到的问题。如果有顾客提出了企业客服都无法解答的问题，可能原因是客服对小米手机的细节并不是特别了解，但有其他顾客对这个问题进行了回应，因为他们就是产品的使用者，对这种细节问题能够第一时间找到答案。

（5）提出解决问题的方案和改进建议

参与服务创新的用户了解产品，具备专业技能和知识，具有发现问题并提出解决方案或改进建议的能力。这种分享不仅服务了其他的用户，还公开给了企业。小米社区的用户遇到各种问题可以通过小米社区与小米的开发工程师直接沟通交流，若建议被采纳可以直接在帖子上看到，甚至会被添加到每周的系统升级更新中。

（6）提出创新理念，参与新产品或服务的开发

小米社区中也存在大众生产现象，社区中的顾客为了自我开发学习、改善自己软件的实际效益、控制技术、满足理想，或者实现内在的兴趣、声望、批判精神和利他主义精神等目标，积极提出新的理念，创造出新的产品或服务。小米的 MIUI 社区设置了开发专区，为顾客提供大众生产平台，顾客可以凭借自己的专业知识和创新精神，先于开发团队，自主开发出全新的产品改进方式，并无偿地发布在社区中。

5.1.6 小米公司的社区营销

(1) 以用户满意为核心

以客户为中心是客户关系管理的核心理念，也是任何公司希望从良好的客户关系中获益所必须贯彻的一条基本原则。对于小米而言，想要在尽量留住老用户的同时积极开发新用户，就必须提高用户的满意度、提高产品和服务的质量。小米公司成立时打出了“为发烧而生”的口号，体现出其追求极致的高要求，正如黎万强在《参与感》(2014) 一书中所说：“用户为好的产品心甘情愿地做宣传”。

竭尽所能地认识和了解客户，从而理解他们的需求，并努力帮助客户，这对于客户的互动至关重要。以 MIUI 论坛为代表的在线社区的建立成为客户主要的反馈和沟通渠道，MIUI 团队成员被要求每天至少 15 分钟泡在相应的板块，接受用户反馈的意见和建议，同时为用户解答疑问。小米也很善于在与用户的互动中发现用户需求，并尽力改进以满足用户的需要。正是在这种理念的指导下，才产生了“无网络下传输数据，实现一键换机”等特色功能。

(2) 以用户参与为途径

用户参与不仅能让企业在开展营销过程中拉近与客户的距离，而且可以提升对企业的满意度。小米公司在社区运营过程中十分重视与社区成员的互动：借助论坛的帮助成功开发了前 100 名支持者，随后在自有的论坛板块下与发烧友就感兴趣的问题展开讨论，参与到小米的生产研发中来。根据小米论坛 2017 年 2 月 28 日午间的数据，当日小米论坛签到数超过 500 万次，而其官方微博发布的“我心澎湃——小米松果芯片发布会”系列话题活动则被阅读了 1.2 亿次，讨论数达到了9.9 万条。这说明，依托社会化媒体开展的一系列营销活动得到了社区成员积极的响应，拥有较高的参与度。以微博关注人数为例，小米官方微博关注人数为1565万人，远超于同类市场竞争者华为和魅族。除线上活动外，这种独特的参与式营销也在线下社区中得到运用：以小米同城会、爆米花活动为代表的线下活动，开创了“线上组织，线下开展，线上反馈”的模式。通过定期地将“米粉”聚集起来，举办各种文艺表演、竞猜活动，将线下社区打造成小米粉丝聚会的场所。每一期聚会结束后将实况公布在小米官方论坛吸引更多粉丝的讨论，激发他们参与活动的兴趣。通过一系列线下活动使社区成员找到了自己的“组织”，增强了社区成员对社区文化的理解和品牌的认同感。

（3）以情感联系为纽带

实现长期的客户忠诚需要建立与客户的情感纽带联系。情感纽带是一种亲密的人际关系，大多存在于亲人、朋友之间，不过和一个团队或集体的长时间的相处也可以建立情感纽带，情感纽带相比普通的好感更加突出一种互动的过程。长期来看，客户忠诚的实现需要建立正向的情感纽带联系。客户可能会具备一种正面的“品牌影响”——这就意味着该品牌对客户而言具有亲和力，进而产生情感依附性。消费者之所以选择一种商品，不仅是因为看重商品的外观、价格和品质等因素，更注重商品带给人的感受，以及通过该产品来凸显消费者的身份、品位和个性。即商品在带来使用价值的同时也能够实现消费者的情感需求和文化价值，这就要求企业在实施社区营销的过程中能够依据客户定位来采取精准和适当的策略，以建立与客户的情感联系。

小米与用户建立情感联系的手段，首先体现在公司领导人的形象塑造上。小米CEO雷军自己就是手机爱好者，自称在2016年用过14部手机。表明自己与忠实粉丝一样——爱玩手机，追求技术的进步。凭借此举小米成功地拉近了与年轻用户的距离。类似的策略还体现在小米手机青春版发布前夕，以雷军为首的公司高层亲自上阵，拍摄微电影《我们的150克青春》。这一营销手段不仅在主要目标用户学生群体中产生了共鸣，还唤起了很多手机用户对自己年轻时代的记忆。据黎万强介绍，营销活动取得了巨大成功，不仅超额完成了销售任务，而且创下了微博转发的纪录。

小米公司通过社区互动开展推广活动，建立和用户在情感上的联结。这种方式一方面使得早期用户产生对公司的归属感和认同感；另一方面则吸引了大量潜在用户转化为社区成员，使得公司获得大量潜在消费者，增强了自身在市场上的竞争力。

5.2 哈雷车主会案例

5.2.1 哈雷公司简介

5.2.1.1 哈雷摩托车简介

历经百年的沧桑岁月，哈雷这一“文在消费者身上的品牌”，不仅赢得了“大V缸”的无尚荣耀绰号，而且使得美国整个20世纪下半叶被戏称为“不折不扣的哈雷时代”。由于它浓缩了激情、自由、狂热的独特品牌个性，最终登峰造极地幻化为一种信仰、一种精神象征、一种品牌文化、一种生活方式，因此也创造出了一个世界品牌的神话。

哈雷摩托是哈雷-戴维森摩托车公司（Harley-Davidson Motor Company）生产的摩托车品牌，创始于1903年，由威廉·哈雷（William Harley）和戴维森（Davidson）三兄弟在密尔沃基创建。从1903年第一辆哈雷摩托诞生到现在100多年来，哈雷经历了战争、经济衰退、萧条、罢工、买断和回购、国外竞争以及市场变幻的重重洗礼，但它直面这些考验并善于把握这些考验所带来的市场机会。如今，哈雷-戴维森公司比以往任何时候都更加强大，而且，它并没有因此而放慢发展的步伐。哈雷以其超凡的生命力和脱俗的竞争力，创造出了让人目不暇接的世界摩托车制造行业百年来唯一一家始终不离摩托车制造老本行的企业；唯一规模最大、生产时间最长的 V2 缸摩托车生产者；唯一一家把品牌升华为图腾的超长寿企业。

一个多世纪以来，哈雷-戴维森一直是自由大道、原始动力和美好时光的代名词。密尔沃基摩托车的形象在全世界车迷心中生根发芽，他们狂热地忠诚于“V”形双缸驱动的摩托车以及制造它们的公司。公司曾被《福布斯》杂志提名为“年度最佳公司”及 400 名最佳公司之一，并且“哈雷-戴维森”连续跻身美国十大最著名品牌，与可口可乐和迪士尼公司齐名。哈雷-戴维森摩托车比任何其他 20 世纪的产品更具深意，因为它象征着美国，它的成功是美国传统制造业的传奇。最初的哈雷是在 1903 年，由 21 岁的威廉·哈雷和 20 岁的阿瑟·戴维森在一间小木屋里“攒”出来的，并以两个人的姓氏命名为“哈雷-戴维森”。这之后，哈雷从新英格兰地区开始发展，1912 年第一次出口日本，一直拥有稳定的顾客群，现已在 70 多个国家开展了业务，并在世界各地拥有 1300 多家授权经销商。

5.2.1.2 哈雷的发展历程

（1）哈雷的产生

哈雷传奇式的发展总是和特定的历史环境联系在一起。1905 年的独立日，一名车手骑着哈雷摩托车赢得了芝加哥市举办的车赛。从此，哈雷摩托车的销量逐渐上升，生产规模逐渐扩大，不仅有了稳定的销售渠道，也有了自己的分销处，同时开始生产警用摩托车。不久，第一次世界大战开始了，哈雷抓住时机，以战场为市场，生产了约 2 万辆军用摩托车，获得了可观的利润。1918 年，第一次世界大战停战协议签订的第二天，盟军下士罗依·霍尔茨就是骑着一辆哈雷第一个进入德国的。第二次世界大战中，哈雷又一次搭上了军火工业的“快车”，开始了跃进式的发展。到第二次世界大战结束时，哈雷共生产了 9 万辆 WLA 军用摩托车。哈雷摩托车与美军朝夕相处，已经成为这些军人生命中挥之不去的一部分。当他们回到祖国，再次见到熟悉的哈雷摩托车时，内心的激动是不难想象的。哈雷寄托了他们内心深处的爱国激情，他们也成为哈雷最忠实的支持者。哈雷-戴维森不仅生产摩托车，还生产 6000 多种部件和配件。此外，哈雷-戴维森还拥有一系列摩托车服饰及多样化商品。哈雷的“Motor Clothes”包括服装、鞋、服饰配件、骑行装备、个人物品、家庭用品、玩具、收藏品或特许商品之外的各种小纪念品。

（2）哈雷-戴维森在亚洲

哈雷-戴维森第一次进入亚洲市场的时间可追溯到 1912 年哈雷向日本出口摩托车。日本是哈雷在美国经销商网络外开拓的第一个海外市场。1992 年，哈雷于新加坡开设第一家授权经销店；1995 年，哈雷在中国香港开设第一家授权经销店；1999 年，哈雷进入韩国和印度尼西亚市场；2005 年，哈雷正式进入中国内地；2006 年，哈雷在泰国的第一家授权经销店开业；2008 年，哈雷的亚洲代表处落户上海，中国台湾第一家授权经销店开业，并重新进入马来西亚市场。目前哈雷-戴维森亚洲公司的营销网络覆盖 10 个国家和地区，包括日本、澳大利亚、文莱、关岛、印度尼西亚、韩国、马来西亚、新加坡、泰国和中国（包括中国香港和中国台湾），拥有约 30 家授权经销店。

位于上海的亚洲代表处负责区域内的销售与市场营销，发展、管理和指导经销商，加强区域内的销售业绩，为经销商提供支持。通过与政府的长期对话及对车主和经销商进行培训，培育高端休闲的摩托车文化和生活方式，并不断在区域内进行市场调研，开拓新的市场。亚洲是哈雷全球增长最迅速的一个市场，区域内每个市场的经销商网络都在不断增长。中国作为主要长期发展的战略市场，将引领亚洲的网络增长。

（3）哈雷-戴维森在中国

哈雷-戴维森于1995年在中国香港开设了授权经销店，于2005年4月成立上海办事处，正式进入内地。目前指定授权经销商网点分布在北京、上海、青岛、温州、大连、成都、苏州、武汉、唐山、重庆、天津和长沙十二大城市，还在六地分别成立了哈雷车主会。哈雷-戴维森正不遗余力地引领中国休闲摩托车市场的发展，将象征着自由大道、原始动力和美好时光的哈雷-戴维森独特的安全驾乘体验带给中国的摩托车爱好者。通过授权经销商，哈雷-戴维森为中国的摩托车爱好者提供经过认证的美国制造的高档哈雷-戴维森摩托车——Touring（巡航）、Softail（软尾）、Dyna（戴纳）和Sportster（运动者）五个车系，引领摩托车服饰时尚的哈雷-戴维森“Motor Clothes & Reg”，摩托车服饰及相关产品和售后服务。

5.2.2 哈雷车主会简介

（1）哈雷车主会的起源

20世纪20年代初，哈雷-戴维森摩托车公司的官方赛车队在那个年代被称为“Wrecking Crew”（迷魂车队），该团队额外的一名成员是一头作为吉祥物而非赛车手的小猪。每当车队赢得比赛，队员就会抱起小猪，将其放在油箱上，载着它绕场骑行一圈庆祝胜利。之后，赛车迷们和一些媒体开始非正式地将这支车队称为“Harley Hogs”（哈雷小猪），而随着时间的推移，这也逐渐替代了原本的“Wrecking Crew”，成为车队新的代名词。

一段时间后，“Harley Hogs”的昵称也逐渐淡出，而“hog”则取而代之逐渐成为称呼哈雷摩托车爱好者的俚语，竟然连第三版的《美国俚语词典》中都郑重地在“hog”一词下增加一条解释——“60年代的摩托车或摩托车手”，并在后续的描述中提到哈雷-戴维森。在1983年，随着哈雷摩托车生产商主会成为世界上第一个由摩托车生产商赞助的团体，“H. O. G.”（Harley Owners Group，哈雷车主会）一词也因更具有官方意义而被人们更广泛地认知。

（2）哈雷车主会的发展

从1983年开始，哈雷-戴维森摩托车公司管理层意识到，品牌必须借助社群才能拉近与消费者的距离，于是哈雷-戴维森成立了H. O. G.，以满足骑手们分享激情和展示自豪的渴望。这是一个由摩托车生产厂商出资赞助的俱乐部，而且是世界最大的摩托车俱乐部，它在全球许多地方都有分部。1985年，49家地方分会在全美生根发芽，总会员达到6万人，迅速发展的势头一直持续到20世纪90年代。1991年，第一次欧洲H. O. G. 集会在英格兰切尔滕纳姆举办，H. O. G. 正式成为国际性组织，拥有685家地方分会和15.1万名全球会员。1993年哈雷90周年庆典时，哈雷H. O. G. 会员已经达到20万人。这1年参加哈雷90周年庆典活动的人数达到10万人，会员来自世界18个国家和地区，150多家媒体跟踪报道。此时，哈雷已不再是一种简单的代步工具，它作为消费者的一种生活方式已经被广泛认可和接受。随后，H. O. G. 发展到亚洲，新加坡和马来西亚吉隆坡都成立了新的分会。1999年，H. O. G. 全球会员数量突破50万人大关，地方分会近1160家。而现在，超过110万名会员和1400家分会让H. O. G. 成为世界上最大的由生产厂商赞助的摩托车组织，而且它的规模在不断成长。在中国，哈雷车主会已经拥有了北京、上海、青岛和香港四家分支机构，队伍不断在壮大。为庆祝“中国2010年上海世博会”倒计时100天，哈雷-戴维森上海车主会自发组织了“为世博加油”的盛大骑行活动，哈雷精神传承了一代又一代。同时，H. O. G. 在每年都会不定期地举办各类哈雷骑行和集会活动，同样也让每位车主会员血脉偾张。

（3）哈雷车主会的标识

2013年，哈雷车主会推出一系列改进提升会员体验，包括更新了仅供会员浏览的网站，而推出新标识便是最新一项改进举措。全球超过10万名哈雷车主会会员在线投票，最后中选的标识在众多备选设计中获得了压倒性的选票。新设计沿用了最初设计风格，这一风格在1983年哈雷车主会创立时就被使用，为哈雷车主会会员所熟悉。新标识的中心位置加入了哈雷-戴维森的条盾标，荣耀彰显了哈雷车主会作为哈雷-戴维森品牌的官方骑行俱乐部。同时，新标识中的雄鹰改变了注视的方向，预示着我们展望新的未来。全新的设计中包含最具辨识度的摩托车骑行元素，为哈雷车主会的会员们创造更多机会，彰显会员的荣耀身份。

“哈雷车主会的新标识体现了哈雷骑士们的热情，无论你身处何方，你都有可能见到另一个骑士佩戴着这个标识，这是一个无国界的记号，象征着自由、独立，以及对于自由大道的热爱。”哈雷-戴维森摩托车公司车主会会员项目总监Ken Knuteson介绍道，“我们向广大会员征询意见，把新徽标设计得更具冲击力，这也体现了我们帮助车主实现更大价值的承诺”。哈雷车主会在全球140个国家及地区成立了1400多家分会，拥有超过100万名会员，是全球最大的骑士俱乐部，为会员们提供奖励福利，以及独特的骑行体验，帮助他们更好地享受骑行的乐趣。

5.2.3 哈雷车主会的品牌社区创建

（1）塑造生动的品牌故事或神话

对于消费者而言，品牌不再是一个毫无生息的事物，它是一个有形象、有个性的鲜活实体，它是伙伴可以和个性相投的消费者交往。所以，消费者可以通过对它的消费来表达自己、展现自我，也可以通过对它的消费来体味归宿，获得精神上的满足。由此看来，如果企业想吸引消费者，使他们积极地参与关于品牌的各种活动，那么品牌就应该具有生动的故事或神话，以使消费者可以识别并和自己联系起来。因为这种品牌神话不仅使品牌显得更加真实，而且可以使消费者通过对其消费来表达自己真实的情感。回顾百年哈雷，从 1905 年 6 月 4 日哈雷摩托车在芝加哥的 15 英里赛车比赛中获胜，到 1908 年沃尔特·戴维森在第 7 届美国摩托车耐力和可靠性联赛上赢得 1000 点满分，再到 1910 年在全美的一系列车赛、耐力赛和登山赛中赢得了至少 7 个第一名，获胜车手驾驶的都是哈雷摩托车。1914 年哈雷-戴维森车队因屡屡称霸赛车比赛而被戏称为“迷魂车队”。直到现在，几乎所有的摩托车比赛中哈雷都顶有冠军的光环。哈雷摩托车因其具备极高耐力而成为警察值勤用的摩托车。1918 年哈雷-戴维森生产的摩托车几乎有一半销售给正处于第一次世界大战的美国军方。美国军方在战争中共使用约 2 万多辆摩托车中的大多数都是哈雷-戴维森摩托车。1945 年第二次世界大战结束，哈雷-戴维森已经为美国军方生产了近 9 万多辆 WLA 摩托车。如此之多关于哈雷的故事或神话使得消费者愿意将自己跟哈雷联系在一起，希望从哈雷的荣耀中得到满足。

（2）培育独特的社区文化

建立品牌社群的一大好处是增进企业和消费者之间的互动，企业可以及时获得反馈。而且，品牌社群为企业与消费者共同创造价值奠定了长期基础。因此，企业应当培育一种独特、开放的文化，使其能够和消费者的需要及价值观产生共鸣。这样在丰富消费者对品牌体验的同时，也增强了其对品牌的忠诚度。哈雷百年辉煌的一个主要因素是它从制造哈雷摩托开始，就不仅致力于摩托车的设计与生产，也在精心营造一种独具特色的“哈雷亚文化”。

一个世纪的沉浮，一个世纪的文化沉淀，孕育出丰富灿烂的哈雷亚文化——自由、神圣、美国精神、哈雷传统和男子气概等，一直作为哈雷品牌的精神要义，令无数的哈雷车迷们为之倾倒、痴狂。在哈雷亚文化中的每一个小群体都有共同的核心价值，但不同的群体由于其特殊的地位而对这一核心价值的诠释也不尽相同。哈雷精神是建立在一系列核心价值之上的，其中个人自由尤为重要，它包括两个方面，即解放和特许，相应的有标志即展翅的哈雷雄鹰和奔驰的哈雷骏马。展翅的哈雷雄鹰象征着美国的民主、政治的自由，体现着从各种限制中解放出来，包括汽车、办公室、时刻表、权威和各种关系，从工作和家庭中解放出来。奔驰的骏马是一个暗喻，常常出现在诗歌和小说中，它来自西部牛仔和西部的民间英雄，凸显了表现美国人文和价值取向的“牛仔精神”。因为哈雷是美国摩托业唯一幸存的品牌，因此它也代表着美国。在哈雷亚文化中，美国主义也是一种重要的价值观。这种爱国主义色彩体现在诸多方面，如哈雷集会时的美国国旗、文身和车体艺术等。此外，哈雷亚文化也很重视男子气概，这可以在诸多方面得到体现。他们宣扬的口号是：“真男人穿黑色”等。潜在于哈雷亚文化中的这些可以识别的精神或一系列的核心价值，获得了其所有成员不同程度的接受，这些精神和价值在产品或品牌以及消费者对其使用中得到了深刻体现。哈雷文化塑造的另一个关键要素就是哈雷杂志的诞生。早在 1916 年，哈雷-戴维森就创办了《狂热者》杂志，以此作为和目标顾客沟通的媒介，该杂志作为持续发行时间最长的摩托车杂志风靡全球，目前在全世界的发行量约有90万份。哈雷不断倾听客户的意见，并就关键产品部位和质量改进与消费者保持互动。会员每两个月收到一份会刊，每月甚至每周都有活动，如机车踏青、互动等。H. O. G. 通过精心培育的这种哈雷亚文化，将消费者、机车和哈雷公司紧紧地联系在一起。

（3）可识别的品牌要素

在任何品牌社群中，品牌社群都要为其成员提供独特、可识别的品牌要素，如独特的交流语言或行话、仪式和象征性的表达方式等。这些品牌要素不仅使品牌可以和其他品牌相区别，更重要的是这些品牌要素为社群成员提供了认同品牌及其他消费者的工具。同时，企业应当注意这些品牌要素风格的一致性，并要与整体的品牌个性保持一致。哈雷在这方面做到了极致，哈雷摩托车本身就是一个很好的品牌要素，纯金属的坚硬质地、令人炫目的色彩、大排量大油门的轰鸣，使其卓尔不群区别于其他品牌。1933年，哈雷在所有油箱上镶嵌了具有装饰艺术性的雄鹰标志。该标志是哈雷摩托图形设计的开始，尽管以前在特殊订单上有此类标志，但那也仅仅是油漆图案而已。当时，哈雷设计这种样式的部分原因是为了刺激大萧条所导致的销量下降。但哈雷雄鹰的出现却给予哈雷更多，赋予其追求自由的象征意义，这和消费者产生了共鸣。1947年，哈雷开始销售其经典的黑皮摩托夹克。随着时间的推移，黑皮夹克演变为哈雷的象征，因此就出现了“真男人穿黑色”的口号。当然，哈雷还有许多可识别的品牌要素，深色方巾、哈雷手套、各种服饰和挂饰、车体装饰等，都尽情渲染自由、平等、竞争的“哈雷精神”。

（4）哈雷车主会活动

哈雷车主会受到广泛欢迎的一个主要原因在于其为成员提供的特别待遇。其中特别的一项就是本土化的哈雷车主会分支，这些分支把哈雷车友个人和组织连接成了一个整体。哈雷车主会的各地方分支由哈雷-戴维森的经销商赞助，为成员提供与其他车友聚会及参加地方分支活动的机会。绝大多数车主会分支每月举行聚会，组织娱乐性驾乘活动，也可参与募捐活动。自哈雷车主会成立之初，肌肉萎缩协会就是其慈善活动的受益者，并且其他很多分支也将根据地方的各种不同需要进行募捐，如为急需帮助的个人提供医疗帮助、为贫穷的儿童提供玩具等。在全国性的哈雷车主会拉力赛上，各地分支会受邀进行友谊赛。此外，通过哈雷车主会正式发行的哈雷车主会杂志 *Hog Tales*，是成员个人了解全国组织动向的另一种方式，这份双月刊包括会员优惠，服务和活动的信息，同时也及时更新哈雷-戴维森公司摩托车比赛和其他成员巡游等方面的动态。

无论是对哈雷-戴维森公司，还是对哈雷车主会成员而言，最重要的优待就是哈雷车主会拉力赛。拉力赛使成员们聚集到一起，庆祝哈雷的生活方式。这一过程把哈雷-戴维森和所有其他的摩托车制造商区别开来，哈雷车主会拉力赛每年都在全世界某些地方举行，只需一些象征性的费用，注册成员就将获得一套拉力赛纪念品并有机会参与不同的拉力赛活动，包括技术介绍和改装车比赛、驾驶演示、音乐演出、摩托体验和研讨会。拉力赛让车主会成员们可以在欢乐的节日气氛中，在一个周末的时间里享受摩托车驾驶体验，并且和车友聚会。同时，车主会成员还可以通过拉力赛向哈雷-戴维森公司管理层反馈意见。

如果哈雷车主会成员到加拿大温哥华、德国法兰克福、英国伦敦、澳大利亚的悉尼或布里斯班，或者是美国境内的一些城市旅行，则可以按天或周租赁哈雷-戴维森摩托车，这些是“Fly 和 Ride”计划的内容。除上述的优待外，哈雷车主会还为成员提供协助旅行的《哈雷车主会旅行手册》，该手册有美国、欧洲，亚太地区和日本等版本，每个版本都有详尽的地图，还特别标注了哈雷-戴维森经销商所在的城市。手册涵盖了如气候图这样关于各区域的有用信息，列举了各城市旅游局、各种特殊活动和国家公园及关税信息。哈雷车主会成员和拉力赛参与人数的持续增长证明了哈雷车主会的巨大生命力。哈雷车主会不仅为哈雷车主提供了众多享受摩托车驾乘体验的机会，也使哈雷-戴维森公司始终贴近顾客。

（5）消费者彼此交流和分享

要想使消费者积极参与品牌社群，就应该使其在消费该品牌时感觉到有必要和其他同类消费者联系起来。这种需要可以由多种因素构成：一是社会交往的需要。消费者将参与品牌社群作为发展关系建立人脉的一种方式。Muniz 和 O’Guinn（2001）在对哈雷研究中提出品牌社群可以作为增进家庭和其他人际关系的纽带。McAlexander 等（2002）提出的品牌社群具有动态特征，通过品牌社群可以经营自己的人际关系；二是休闲娱乐的需要。消费者将参与品牌社群作为自己休闲娱乐的一种方式，甚至是一种生活方式，以求缓解压力，获得放松。在哈雷车主每天的生活中，哈雷社群是一个神秘的世界。他们的信条是：“生之为骑，骑即生活”，充分反映出他们将其作为一种生活方式。对于所有的哈雷社群最忠诚的成员来说，这简直是一个体验短暂自我变换的圣地。哈雷社群的一个小分支 H. O. G. 有“高雅猪娃”的雅号，成员多为私企老板、律师等高级白领，还有各种专业人士和其他小中产阶级分子。每逢节假日，高雅猪娃们就会成群结队地涌上公路，占据整个一条或两条车道呼啸而去。他们在体味驾驭哈雷不同凡响的体验，感知风声掠过耳际，享受“大 V 缸”动听的排气声浪，哈雷给他们带来了神仙般的逍遥快活；三是信息分享、个性表达和获得认可的需要。品牌社群是一个信息源，社群成员希望通过对品牌的使用来表达自己的个性以获得其他成员的认可。哈雷社群中还有一小群人被称为“逍遥骑士”，这些“逍遥骑士”，从改装摩托车的造型到服饰到生活，无不流露出极为鲜明的“哈雷精神”。他们通过共享改装摩托车的经验和展示改装的作品，来表达自己的个性，以获得其他成员的认可。

通过对哈雷车主会成员的知识分享内容进行查看和分析，我们发现其大多存在程度不同的泛家意识：一是对哈雷车主会产生很强的安全感；二是对哈雷车主会有很强的情感归属。表 5-2 列出了哈雷车主会消费者的知识分享内容。

表 5-2　哈雷车主会消费者的知识分享内容

	知识分享内容
安全感	“我特别想给这位车友点个赞！看到过很多您热情、专业、负责任的回帖以及耐心的解释说明。论坛里有您这样的车友真好！希望能在北京的道路上与您偶遇！”
	“啊！谢谢捧场、关注，兄弟！”
	“都说哈雷质量好，哈雷可以骑到老。”
	“我也喜欢这个版本。短小精悍，又不单薄！”
情感归属	“谢谢同城摩友，只要一直在路上咱们一定有机会相遇，祝骑行平安！”
	“第一眼看着就认定它了”
	“不多见到的 72 车。我和你同款。本来又添置一台车想出手了，但是越玩越喜欢，留着收藏了！”
	“谢谢兄弟关注！我们会继续努力！”
	“很不错，哈雷已经是一种文化了。”
	“呵呵，我没有哈雷车，可是我喜欢哈雷文化。”

5.3 兰蔻玫瑰社区案例

5.3.1 兰蔻公司简介

5.3.1.1 品牌发展简介

LANCOME 属于世界第一大化妆品集团 L'OREAL，1935 年由阿曼达·珀蒂让（Armand Petitjean）创立于巴黎，其名称来自法国中部一座城堡卢瓦卡河畔的兰可思幕城堡（LANCOSME）。城堡周围种满玫瑰花，阿曼达·珀蒂让钟爱玫瑰，认为女人如同花朵的美丽各有其姿态与特色，因此以城堡为品牌名称，为发音之便，用一个典型的法国式长音符号代替了城堡名中的“S”字母，而城堡里的玫瑰花就成了品牌标志，正是这朵玫瑰，给予了追求优雅品质生活的女性高贵、浪漫的气质。兰蔻最初的商标中有代表其三个系列的标志物：玫瑰，代表香水系列；莲花，代表护肤系列；天使，代表彩妆系列。兰蔻所代表的欧化的美是最易被广大女性所接受的，因为她时尚，但又不失亲和力；她活泼，又有足够的内涵。

创始人阿曼达·珀蒂让先生凭借着对香水的天才敏感嗅觉、执着不懈的冒险精神，以及立志让法国品牌在当时已被美国品牌垄断的全球化妆品市场占领一席之地的抱负，为世界化妆品历史写下美的一页。为了这些精致女性，他创造了兰蔻；为了她们，他选择了玫瑰；为了她们，他将最好的科学家会聚在自己的周围；为了她们，他在激情的王国开始了前所未有征程。

20 世纪 30 年代，兰蔻诞生于法国，最初以香水和彩妆得名。到 20 世纪 60 年代，被法国莱雅集团收购，成为法国莱雅集团拥有的高端化妆品品牌之一。20 世纪 90 年代，法国兰蔻在中国市场亮相，发展至今已成为高端化妆品的代言品牌，销售额排名居首位。随着中国经济高速发展、居民消费观念的转变，兰蔻开始将目标市场向下延伸，进一步扩大业务范围。作为全球知名的高端化妆品品牌，兰蔻目前涉足护肤、彩妆、香水等多个产品领域，主要面向教育程度、收入水平较高，年龄在 25~40 岁的成熟女性。2018 年 12 月，世界品牌实验室发布《2018 世界品牌 500 强》榜单，兰蔻排名第 494。

5.3.1.2　兰蔻产品推广

兰蔻所属的法国莱雅集团，对产品研发非常关注，而且在全球化妆品企业中，对研发的投入也是首屈一指。不仅在欧洲、美洲和亚洲设有研发基地，还聘用了接近 3000 名研发人员，重点研究抗老化、皮肤的敏感性、仿生和纳米技术等。

法国兰蔻发展至今，一直秉承科技、安全、功效的理念进行产品开发，且以优异的品质和高贵浪漫的产品外观而被消费者所青睐。兰蔻还特别注重对全球女性肤质的调查和研究，并有针对性地推出产品，目前八个护肤产品系列涉及补水、修护、抗皱、紧致、细胞修复、美白、嫩肤、抗氧化等功效，除此之外，兰蔻还推出了男士护肤系列。其中，水分缘舒悦霜和纤妍紧肤眼部精华素早已成为兰蔻的代表产品。兰蔻护肤产品均价在 500~600 元，标准差接近 400 元。兰蔻的产品包装精致、细腻、柔和，极大限度地进行产品推广。

（1）1935 年 2 月 22 日，影响了全球女性半个多世纪的兰蔻正式诞生了，作为一个奢侈品牌，成立不到六个月时间已远销全球 30 多个国家。

（2）1950—1960 年，兰蔻相继推出了 Marrakech 极品香水、Magie 魔幻香水、Tresor 真爱香水，这几款香水无论在包装原料还是香氛上都获得了巨大成功，确立了兰蔻在香水品牌中不可动摇的地位。1 年后，被誉为“香水的凡尔赛宫”的兰蔻新工厂在巴黎南部投入运营。

（3）20 世纪 70 年代，兰蔻进军美国市场，以高档的品质、优雅的形象、亲切的个性魅力征服了西方市场。

（4）1975 年，兰蔻第一款睫毛膏推出，至今仍处于世界行业领先地位和最畅销单品榜首。兰蔻的护肤品也是兰蔻最引以为傲的项目，微脂囊最早运用在 1985 年推出的新生日间修护霜中，毫微胶囊分子运用在 1996 年推出的再生青春修护液及再生青春眼霜中，这些高科技的保养品输送系统都是兰蔻率先应用在护肤品中，印证了兰蔻的高科技形象，强化了兰蔻在业界的领导地位。

（5）2005 年 6 月 28 日，兰蔻设备完善的现代化实验室诞生了，秉承权威性、有效性、安全性和愉悦性四大终极理念，超过 1400 名的研发人员每年研发出先进技术和产品，与散布全球的实验室和科学家合作，针对各类人群的不同需求提供高效安全的产品。兰蔻已在全球拥有三大实验室，以奉献用户最有针对性和完美效果产品为目标，历久弥新的经典兰蔻不断焕发出新的活力。彰显其品牌地位，成为众多高端女性生活品质的象征。

5.3.1.3 品牌特点及发展理念

兰蔻品牌的定位特点：细腻、优雅、气质非凡的法式魅力，始终坚持优雅的品牌风格，它认为美丽不单纯是漂亮的外表，更是由肌肤向外散发的健康光彩。是身体与心灵内外和谐的表现。品牌希望通过自身不断的研发和创新，将最高品质、最健康有效的皮肤美容产品提供给女性消费者。帮助她们发现自身的美丽与自信。同时，兰蔻始终坚持如下品牌发展理念：

（1）革新。兰蔻坚持产品需要具备其独特的成分、优良的质地结构、芬芳的气味，这一切都需要保持技术的不断创造和革新，从而确保关于产品的一切元素都处于一种天然的和谐状态中。

（2）与女性朋友同行。兰蔻关注每位女性的建议和反馈，并把理解和尊重每位女性消费者的不同需求作为品牌的首要责任。全球范围内的深入专业的研究，使得兰蔻对不同女性的肌肤需求有了更透彻的理解，并力求为每个年龄段的女性提供适合于她们的个人皮肤护理建议。

（3）领先专业的美容技术。60 年的美容护肤经验和全球最领先的科研后盾使得兰蔻拥有无与伦比的专业知识和技能，并开发出一系列集功效、舒适、安全、创新于一体的领先产品。

（4）近距离接触法兰西之美，您也可以拥有优雅的法式魅力。兰蔻将自信、迷人和富有文化底蕴的气质与美丽相结合，为消费者传递来自法国的优雅、细腻的生活方式和品位。

5.3.2 兰蔻玫瑰社区

（1）兰蔻玫瑰社区简介

作为中国高档化妆品领军品牌的兰蔻官方社区，兰蔻玫瑰社区是奢侈品在中国的第一个网络社区。自 2006 年上线以来，因其丰富的护肤、彩妆教程和温馨有爱的交流氛围受到了广大女性的喜爱。经过近 10 年的发展，已经有数百万名兰蔻粉丝聚集于此，如今它已经成为以发帖、评论、私信、点赞为基础交流方式，集产品、评测、试用、潮流美丽分享于一体的官方网络社交平台。

兰蔻中国区副总经理郭凯嘉（Michelle KWOK）在接受《成功营销》记者的采访时，把人们与玫瑰社区的接触比作“拥抱”。“没体验过兰蔻产品的人初次来到玫瑰社区，这是见面第一个拥抱；当你试用过我们的产品，可能我们的拥抱更紧一点；当你来到兰蔻柜台购买了产品或者长期关注兰蔻微博等等，你跟我们的距离越来越近了，能够感受到兰蔻的关怀、服务——你跟我的拥抱越来越紧。”法式的热情比喻背后，是越来越多潜在消费者和忠诚消费者在玫瑰社区上的交错关系链，包括消费者之间的以及消费者与品牌之间的关系链。

“只有倾听消费者呼声，了解消费者需求，才能真正做到更好地为消费者服务。”欧莱雅集团 CE0 贝瀚青表示，“无论是兰蔻玫瑰社区，还是 eSkin（国内首家集社区与电子商务为一体的敏感肌肤专业咨询网购社区），都是欧莱雅致力于为中国消费者服务的具体体现，是我们所倡导的‘在中国创造，为中国创造’的发展战略的重要组成部分”。

（2）兰蔻玫瑰社区的发展

2006 年，兰蔻粉丝在其个人博客中发表了一首名为《兰蔻玫瑰》的诗，表达对兰蔻的喜爱。兰蔻随后发起“寻找玫瑰诗人”的活动，兰蔻意识到兰蔻粉丝们真的很需要一个能互相交流的平台，兰蔻玫瑰社区由此诞生。2012 年 11 月，兰蔻玫瑰社区进行改版，由一个传统的 BBS 变成一个时尚的瀑布流网站，是国内的首个美妆类瀑布流互动社区。2013 年 10 月，兰蔻玫瑰社区——护肤产品评测中心正式上线，此平台涵盖全面的护肤产品测评信息，在这里不仅可以看到专家对产品的测评，而且可以看到网友对产品的评价和打分，以及不同肤质的人使用这款产品后反馈。2014 年 7 月，兰蔻玫瑰社区发起社区会员昵称大征集，经过收集投票之后确认“蔻蜜”为兰蔻的粉丝的专属名称。2014 年 11 月，兰蔻法式轻妆频道上线，频道主要以彩妆教程和彩妆评测为主，全球首席彩妆创意总监 Lisa Eldridge、中国首席彩妆创意总监杨莉莉、兰蔻彩妆师天团、玫瑰社区达人入驻社区，贡献了的彩妆教程。同时还在兰蔻法式轻妆频道发起寻找彩妆之星活动，优胜者不仅能获得兰蔻彩妆大美盒，还有机会签约兰蔻成为兰蔻专属彩妆达人。

（3）兰蔻玫瑰社区会员

玫瑰社区善于利用每一个线上线下活动来为自己争取更多网民（比如论坛的开通、皮肤测试游戏、发亮白图片赢取兰蔻魅力大奖等），收集网民的爱好、性格、年龄、职业、学历、教育程度等真实信息，并按照这些信息，根据网民的不同特点将网民分类（比如按爱好、年龄、学历等），最后，针对不同的群体做不同的信息发布并收集不同群体的信息回馈，达到和网民沟通的目的，进而推广产品。此外，玫瑰社区还开通了名人授课专栏，让网民切实学习到美容技术。社区的“互动”，为客户和顾客提供了更便利的销售和购买方式，并在帮助客户推广产品的同时，为品牌凝聚人气，为兰蔻开拓了更阔的空间。

（4）兰蔻玫瑰社区内容

兰蔻玫瑰社区分为产品、试用、频道三大板块，包括了全面的兰蔻产品信息、评测、明星产品试用，网友分享的超多护肤技巧、彩妆秘籍各种干货等。①产品板块，快捷搜索需要的兰蔻护肤、彩妆产品。护肤评测中心涵盖海量用户真实评测，全面解析每一款兰蔻产品。法式轻妆频道则有丰富的彩妆教程帖，超多彩妆评测。②试用板块，新品抢先试用，明星产品免费申领，只需一键点击，坐等产品送上门，更有正装兑换好福利，每月上新。③频道板块，全面涵盖兰蔻最新动向、“蔻蜜”动态，更有护肤技巧、彩妆秘籍，各类干货帖层出不穷，看好帖还能交朋友。

注册成为兰蔻玫瑰社区会员，即有机会享受超多好福利，更有徽章兑礼、花瓣兑礼、达人免费试用等多种专属好福利等。①徽章。玫瑰社区有各式花色徽章可以满足收集控们，验证手机邮箱、完善资料、参与官方活动，都能让你获得不同的徽章。②花瓣。花瓣是兰蔻玫瑰社区专属的积分方式，努力冒泡攒花瓣，就能换取试用申领的资格。玫瑰社区每月都会有明星产品、新品试用申领，包罗护肤、彩妆所有“蔻蜜”长草的单品。社区还会不定期推出花瓣兑正装活动。③达人。社区达人是经过官方认证的“优质会员”，兰蔻玫瑰社区的会员都有机会升级为达人，拥有专属的身份标识，获得更多的粉丝，优先试用兰蔻新品，更有机会享受达人专属好福利。

5.3.3 兰蔻玫瑰社区的社区营销

5.3.3.1 品牌魅力与文化认同吸引目标消费群体“入驻”

从最初的香水品牌到如今集护肤、彩妆、香水于一体的引导潮流的全方位化妆品牌，25~40 岁受教育程度高、收入水平高的成熟女性一直是兰蔻的主要目标消费群体。这一类消费者不仅有强烈的消费欲望，还有旺盛的购买能力，同时她们的形象和气质也和品牌本身所要传达的自信、美丽、优雅一脉相承。与以往不同的是，在新媒介时代，这一目标消费群体如今扮演着现实社会中的中坚力量以及网络虚拟世界中的主力军的双重角色。兰蔻及时洞悉了这一新的群体动向，创建了兰蔻玫瑰社区，开创了奢侈品牌以品牌魅力和文化认同吸引目标消费群体“入驻”网络社区的先河。

兰蔻玫瑰社区在整体的 VI 设计上，选用了浅粉色。粉色属于暖色调，优雅、高贵之中带着浪漫的气息，给人一种童话般的梦幻感，符合女性的视觉审美。首页的显著位置嵌有品牌的 LOGO 对网页进行标示，将其与一般的美容护肤等推广网站区别开来。LOGO 下方是以文字和高清图片等多种形式滚动显示的社区近期最新活动公告。在社区的议程设置上，除产品推介及活动信息外，美丽、奢侈、时尚、生活方式等方面的内容成为主要倡导方向，其中关于美丽和奢侈的话题占据了最大比例。这是兰蔻从内容把关方面保持品牌奢侈感和尊贵感的一种重要方式。在社区注册方式上，用户只需填写简单的个人信息就可以成为社区一员。这种零门槛、开放式的“入驻”方式可以吸引许多潜在消费者加入进来。比如，目前尚没有经济能力但却对品牌表现出明显好感的20多岁在校女大学生群体。社区针对这类潜在消费群体推出了诸多产品试用招募活动，吸引其加入社区，参加社区活动，获得免费体验兰蔻产品的机会，并将其试用的感受以多种方式与社区内的其他会员分享，进而吸引更多的潜在消费者加入进来，成为兰蔻的粉丝。这些粉丝在不久的将来转换成实际品牌消费者的可能性大于没有加入社区的同龄人。此外，为了积聚人气，兰蔻还邀请了著名时尚杂志的美容编辑、顶级美容达人、艺术家、名流等加入玫瑰社区，成为社区中一道独特的风景线。

5.3.3.2 品牌互动，活跃社区氛围，推动品牌影响力的扩散

互动是兰蔻玫瑰社区的一大特色。自2006年进军网络社区以来，兰蔻针对社区成员的群体特征，因势利导地推出了多种类型的互动活动，会员的主动性和活跃性被精彩纷呈的活动充分调动起来。品牌的影响力在这些活动中进一步扩大，粉丝的忠诚度和黏着度也得到了进一步提升。

（1）专家Q&A问答、问卷调查、心理测试，洞悉会员个性特征

点开兰蔻活动专区标签，在“最新活动公告”的列表之下，显示有“专家Q&A问答”和“问卷调查”两个小标签。“专家Q&A问答”以每周一个专题，每个专题十多个问题的形式，集中回答会员们所关注的一些美容、护肤方面的常见问题。以2012年5月为例，这个月兰蔻玫瑰社区推出的“专家Q&A问答”专题分别为“瓦解黑色素”“怎样避免黄气”“肤色暗沉”和“怎样画好眼线”。在这些专题中，专家首先会针对MM们的问题进行科学的成因解析，然后根据MM们的不同情

况，分别推荐兰蔻的一些产品，达到精确营销的效果。“问卷调查”板块一般都只有一个问题，内容五花八门，但多是围绕美容和奢侈品展开的。有些关于包包、钻石等的问题看似与兰蔻无关，实则是旁敲侧击地洞悉会员的性格特征、消费习惯等。这些通过问卷调查以及社区电子杂志“玫瑰E志”上的心理测试收集到的会员个性特征更为真实，可以为品牌提供强大的消费者数据库支持，为新产品的研发、新的推广策略的制定等提供依据。

（2）每月大“晒败”活动+赠品奉送，营造活跃的社区氛围

兰蔻玫瑰社区每个月都会推出各种应景的大“晒败”活动。这些活动的共同特征是规则简单，内容多涉及会员的私人生活体验，表现形式多为“文字+图片”的组合传播模式，奖品多为兰蔻的体验品或正品。例如，2012年6月，兰蔻应景地在毕业旅游季推出了“毕业季分享旅行的意义”主题活动：会员只需要在兰蔻玫瑰社区的“旅游度假”板块以“毕业季，旅行的意义+自拟标题”为主题开帖，晒出自己和朋友或者爱人、亲人一起旅行时发生的趣事，就有机会赢取兰蔻小黑眼膜霜体验装或者正品一份。这种晒个人生活的活动方式为会员提供了自我表达与展示的平台，使得会员与社区管理者一起参与到社区内容创建的活动中，有利于会员群体归属感的形成，同时也增强了社区内容的原创性、趣味性和可读性。试用装和正品的奖品设置可谓一箭双雕。一方面，它可以刺激更多非会员“入驻”社区，扩大品牌影响力，维持社区活跃度；另一方面，赠品将使得更多的会员有机会体验到兰蔻产品的细腻、精致与优雅，从而提升品牌美誉度。新媒介时代的传播营销竞争，不在于或者主要也不在于你是否把道理说得多么精和多么透，而在于你是否让人们体验到了这种内容、这种产品、这种服务和这种主张所带来的全方位的细腻感受。兰蔻无疑很好地洞悉了这一玄机。

(3) 根据新产品的特点，设计新活动，吸引会员进行体验消费

如果说兰蔻每月的各种大“晒败”活动是社区与会员们达成默契的固定动作，不定期出现的新产品的推荐活动则成了精彩的自选动作，不时给兰蔻玫瑰社区的会员们带来意外惊喜。为了配合 Rouge in Love 兰蔻迷恋唇膏的宣传推广活动，兰蔻玫瑰社区推出了“Rouge in Love 寻找迷恋唇印”的活动。社区会员只要去 Rouge in Love 活动页面观看由兰蔻新生代代言人艾玛·沃森主演的精彩视频，截图证明你所发现的四大国际都市，就有机会获得 Rouge in Love 兰蔻迷恋唇膏正品一支。这种结合微电影的推广方式，为读图时代的社区会员带来了唯美的视觉享受。短短几分钟的视频巧妙地将品牌特质和产品特质融入其中，给观看者留下深刻而美好的印象，从而激发会员尝试的欲望并最终促成实际购买行为的发生。

(4) 线上线下多元互动强化成员社区意识

兰蔻对于不同的社区用户，也有针对性地为她们提供各种丰富多彩的信息和活动。例如，对于一般成员，社区会不定期地发送新品上市信息、互动活动信息、产品试用活动招募等；对于品牌的忠诚用户，则有产品试用活动招募、美容课堂、个性化网页等活动；对于顶级美容达人、艺术家等名人，则有产品试用、微博采访、访谈等活动。因此，它针对群体的不同特征积极进行了线上线下多元互动，强化成员的社区意识，增加了社区成员的忠诚度。

5.3.3.3 培育意见领袖，在分享中为品牌增值

“意见领袖”是拉扎斯菲尔德等在 1940 年“伊里县调查”后撰写的《人民的选择》调查报告中提出的概念。拉氏通过考察归纳其特征为：他们更经常接触大众媒介，对相关领域有主观兴趣，同时更关注与自身素质相关的媒介内容。因此意见领袖能引导群体成员的态度，影响

他们的选择。大众传播要取得良好的效果，必须首先重视这些意见领袖的存在。

虽然“意见领袖”这一概念最早是针对人际传播领域提出的，但在当今的网络虚拟空间中，这一理论仍然具有高度的适用性。网络空间中那些对于某一问题见解卓著的人，会在人们的竞相转载和关注下成为网络中的意见领袖。随着网络社区对现实生活空间嵌入程度的加深，这些网络上的意见领袖的意见和看法对现实生活中人们看待问题的方式以及行为方式所产生的影响也日益明显。这一效应在消费领域尤为显著。以化妆品为例，女性一般在20岁左右开始接触基本护肤品之外的化妆品。面对市面上琳琅满目的化妆品品牌，年轻女孩由于专业知识和经验的缺乏，很难自主进行判断和选择。为了降低判断失误所产生的各种成本，她们会本能地寻求间接经验的指引。网络以其开放性、多元性和草根性顺理成章地成了人们进行经验借鉴的平台。

正是鉴于这种潜在的影响力，兰蔻玫瑰社区在2009年就提出了“塑造自己的意见领袖”的战略思路。“达人”，就是其推出的一个精彩的设置。所谓“达人”，就是美妆的民间意见领袖。兰蔻将其称为“扛旗者”，是社区中最积极的一些人。兰蔻积极培养她们，并以“玫瑰花苞”“初生玫瑰”“白色玫瑰”“黄色玫瑰”“蓝色妖姬”“玫瑰女王”等头衔对其进行不同的命名与赋权，通过她们的社区行为与社区其他成员互动，发掘品牌更多侧面，营造良好的社区氛围。这种设置一方面鼓励了一些对美妆有强烈需求、展示欲望的人；另一方面会吸引更多的潜在消费者与她们互动，而达人们作为第三方，对这些潜在消费者说的一些使用心得、交流更有说服力。

此外，这些民间意见领袖的草根性也进一步拉近了品牌和目标消费群体之间的距离。同品牌形象代言人精美无瑕的妆容相比，达人们会以未经加工过的原版图片向社区成员展示试用兰蔻品牌的全过程。在这一过程中，产品的内部细节设计、达人试用前后的效果对比等都被具象地展现出来，更具可信性和说服力。达人从一个真实的产品消费者的角度以简洁、通俗、个性化的语言表达自己的品牌感受，无形中成了对产品的另一种个性解读和宣传。

5.3.3.4 以情感为纽带，增进会员的品牌依赖感

在兰蔻的发展历程中，注重对目标消费群体的情感维护一直是兰蔻奉行的品牌理念之一。兰蔻玫瑰社区的各项活动，都注意从细节上关照女性的情感需求，以情感为纽带，增进会员对社区的情感依赖，进而强化其对兰蔻品牌的依赖。

兰蔻玫瑰社区中的“生活感悟”板块是一个专门针对社区成员的各种生活和情感问题开辟的专栏，其下设有“婚礼秘籍”“情感心事”“美丽妈咪”“潮流资讯”和“旅游度假”五个子栏目。这一板块仿佛是一个真实社区中的市民广场，会员可以就自己感兴趣的话题自由发表意见，也可以随时加入自己感兴趣的话题的讨论中。这些关于恋爱、婚礼筹备、婚姻维护、亲子互动以及时尚、旅游等方面的帖子几乎将其目标消费群体在各个人生阶段所会遇到的情感上的问题全部囊括了进来，使得处于 25~40 岁这 1 年龄段中的女性都能够在兰蔻玫瑰社区中找到情感共鸣。在这样的交流中，每名社区成员都能够被倾听，并从中感受到一种尊重与心灵的归属感。

在兰蔻玫瑰社区中，不仅有兰蔻的消费者以及品牌的拥趸，更有很多品牌长期的忠实顾客，而她们中的很多人已经成为社区的“扛旗者”。与此同时，兰蔻还邀请了著名时尚杂志的美容编辑、顶级美容达人、艺术家、名流等加入玫瑰社区，成为社区中一道独特的风景线。而对于不同的社区用户，兰蔻也有针对性地为她们提供各种丰富多彩的信

息和活动。2012 年，兰蔻玫瑰社区将进一步发展与完善，让平台更加多样化，增加多种社区功能，加大对玫瑰社区的宣传，并提升会员的参与度，让“玫瑰社区无处不在”。

5.3.4 兰蔻玫瑰社区对化妆品类在线社区营销的启示

兰蔻玫瑰社区的营销是较为成功的营销案例。虽然由于品牌的独特性，成功不可完全复制，但玫瑰社区的成功绝不是偶然的，其创建和运营应对我国化妆品企业的品牌社区营销有所启示。

5.3.4.1 把握商机，勇于创新

网络时代，速度成为市场竞争的关键。那些能把握时代发展，勇于创新的企业往往会有较大优势，并据此赚取大部分利益。早在 2006 年，兰蔻就搭建了玫瑰社区并于 2010 年全线改版升级，开创了我国第一个以美容为主的虚拟社区。2012 年，当很多品牌还在做常规广告时，兰蔻就已经开始用微电影进行产品推广。从 2013 年开始，兰蔻进一步加大了数字营销平台的投入，在玫瑰社区顶端和底端增加了社区手机版，营销平台呈现多元化。2016 年 3 月，社区开始着手版面重新设计和改造，新的版面预计 2016 年 4 月中旬上线。这些举动都体现着创新和勇气。

如今，网络技术飞速发展，化妆品企业应更多地思考如何赶上并掌握新的科技并运用到社区营销中，以吸引更多的网民参与。

5.3.4.2 深刻洞察消费者需求，与消费者“谈情”

化妆品消费市场竞争激烈，品牌营销除了靠过硬的产品质量，还要善于跟消费者“谈情”。“谈情”的基础是对消费者需求的深刻洞察。洞察不同于观察，观察是记录，记录看到的和听到的，洞察是发现现象背后的本质，发现消费者购买的真实原因。按照马斯洛的需求层次理

论，化妆品属于爱和归属的需要，消费者购买化妆品的真实原因往往体现了情感需求。因此，化妆品品牌社区营销要准确把握消费者的情感，使每一名社区成员都能感受到品牌的关怀，并能在社区中找到归属感。

5.3.4.3 完善社区行为规则，构建社区文化

加强品牌与消费者的黏着度，培养顾客忠诚是维系社区长期生存的主要动力。品牌社区要在营销活动中长期维系且发挥效应，需要建立完善的社区行为规则。

（1）要有一系列的制度保障，建立完善的承诺履行机制，搭建畅通的交流沟通平台和反馈机制，提供及时、准确的产品信息和市场情报，完善品牌检讨机制，及时发布准确的消费者满意度调查等。

（2）要宣扬社区价值观和品牌文化，利用各种话题及活动互动营造良好的社区氛围，以此加强品牌社区与消费者的黏着度，培养顾客忠诚度。兰蔻玫瑰社区从2006年成立至今，用户稳定发展，品牌影响力在其完善的社区行为规则及其构建的高聚集性“圈子文化”中得到进一步提升，这对互联网时代化妆品品牌推广具有很好的借鉴意义。

5.4 海尔社区案例

5.4.1 海尔集团的建立与发展

海尔集团是集科研、生产、贸易及金融等于一体的国家特大型企业。10几年前，海尔的前身还是一家亏空147万元，资不抵债，工人拿不到工资，管理极为混乱的集体企业；到1998年，海尔实现工业销售收入162亿元，利税10亿多元，产品出口到87个国家和地区，出口创汇7665万美元。海尔的发展受到哈佛大学、《财富》杂志、《金融时

报》《华尔街日报》等的关注。

海尔发展之快的主要动力是创新精神，海尔精神——“敬业报国、追求卓越”8个字就是创新精神的体现。海尔集团现在已拥有各项专利1700多项，是中国申报专利最多的企业。1998年，海尔平均每个工作日开发一个新产品，每天申报两项专利，全年完成新产品、新技术262项，有236项成果实现商品化，商品化率达90%，科技贡献率达63%。海尔集团发展至今，我们深刻体会到技术创新是企业高速、稳定、持续发展的基础，也是实现国际化的海尔的基石。名牌战略是海尔创新精神的载体，海尔名牌战略实施的过程，就是技术创新的过程。

5.4.4.1 造就海尔冰箱名牌

自1984年海尔集团的前身青岛电冰箱总厂成立至1991年的7年时间里，海尔在实施名牌战略过程中，坚持技术、质量上的高起点，强化全员质量意识和产品质量管理，坚持技术进步，通过狠抓产品质量，创立了海尔电冰箱名牌。

（1）坚持技术、质量上的高起点。1984年成立的青岛电冰箱总厂是轻工业部最后一批电冰箱定点生产厂家，当时市场上国产电冰箱已有100多个牌号，竞争非常激烈，但没有名牌电冰箱。因此，在海尔刚开始生产电冰箱时就提出了“名牌战略”的口号。“名牌战略”的核心就是产品的高质量。

1985年，海尔从德国引进了先进技术，生产出我国乃至亚洲第一代四星级电冰箱，领先一步在国内市场形成了质量可靠和技术先进的优势。很快海尔便以高新技术、高质量的产品赢得了广大消费者的信任。

（2）强化全员质量意识和产品质量管理。要创名牌电冰箱，就要从抓质量入手。海尔认为，人是质量中最关键的因素，第一流的产品是第一流的人制造出来的，质量实质上是职工整体素质的体现，抓质量应该首先从人抓起。

1985年，集团总裁张瑞敏毅然决定将76台存在一定质量问题的电冰箱，由责任者亲自用大锤砸毁。这次事件在职工中产生了极大影响，职工的质量意识从此有了质的提高。

（3）坚持技术进步不停顿。海尔在发展过程中十分注重技术开发，不断否定自己，加快更新换代的步伐，始终保持技术上、质量上的发展创新，确保了市场上的技术领先地位。我们在无氟节能电冰箱研制上已达到国际最高水平，成果曾代表中国和亚洲先后参加了美国“世界地球日”，维也纳“氟利昂及哈龙替代国际学术交流会”，印度新德里“国际无氟成果研讨会”等多个国际学术交流会，引起世界的轰动，被世界环保组织誉为“世界多一个海尔，地球多一分安全”。

5.4.1.2　从单一电冰箱名牌到多元的海尔品牌

1992年我国经济进入一个新的发展时期，海尔抓住时机先后兼并青岛电冰箱总厂、青岛空调器厂和青岛红星电器股份有限公司等18家企业，并投资兴建海尔园开始二次创业，现在海尔产品涉及电冰箱、冷柜、空调、洗衣机、彩电、计算机和手机等多个领域，形成46个系列，8600多个品种规格的多元化产品群。

海尔在二次创业、多元化发展的过程中，通过立足市场来发展名牌，通过强化管理来巩固名牌，通过联合舰队来延伸名牌，通过不断的技术创新来确立海尔品牌地位。

（1）立足市场，发展名牌。以市场规律为依据，在质和量的矛盾面前，海尔总是首先确保产品质量、管理，然后再扩大产量、规模，以质取胜，以名牌取胜。

新产品开发以市场需求为坐标，新产品从设计、试制到投产过程中都按名牌产品的要求进行管理，从而保证每一代新产品投入市场都能成为占领市场的新式武器。每当一个新产品问世后，海尔就不断寻找其不足之处，了解市场的需求和用户的心理，以此设计新的产品，开拓新的消费需求领域。

海尔始终坚持“用户第一”的思想。海尔认为，名牌要靠用户和市场认可，名牌更要靠优良的服务来创造和维护。因此，海尔把售后服务看作创造名牌、宣传名牌、维护名牌、发展名牌的重要环节和首要领域。1996 年 6 月，海尔集团荣获美国优质服务科学学会颁发的“五星钻石奖”，这是亚洲家电行业第一家荣获此殊荣的企业。

（2）强化管理，巩固名牌。海尔在追求一流产品的同时，十分重视追求一流的管理，以质量为中心从严治理，花大力气强化以质量为主线的科学管理体系。在引进先进工装设备的同时，全面引进先进的管理手段和管理标准，积极推行质量否决权制，把一切质量过失否决在生产过程中。

管理方法不断改进创新，以基础管理和现场管理为重点，把 IE、6S 活动、网络技术、全面质量管理、系统工程和价值工程等引入企业管理，使名牌产品处于先进的全方位优化管理中。

良好的效益来源于科学的管理，经过十几年的不断探索和完善，海尔形成了一套符合企业特点的、科学合理的管理方法——日清日高管理法，即 OEC 管理，形成企业内部的良性运转机制，并造就出一支高素质的员工队伍。多年以来，海尔一直把抓管理放在首要位置，并且不断推陈出新，结合实际创造了许多有特色的管理方法，深化了 OEC 管理，丰富了 OEC 管理的内涵。

（3）联合舰队，延伸名牌。在市场竞争中，有名牌但没有规模，名牌则无法发展与保持；有规模但无名牌，规模也不可能实现。为此，海尔提出了“联合舰队”的管理模式，即海尔集团的模式不应是一列火车，而应是一支联合舰队，每一舰只都有自己很强的战斗力，又可联合作战，整体大于部分之和。这样，就能把一个名牌产品发展成为一个名牌群，扩大了名牌的范围。

现在，海尔的产品形成了变频系列、抗菌系列、健康系列、环保系列、智能化系列家电等 46 个系列，8600 多个品种规格的名牌产品群。海尔产品从整体上形成优势，每一个系列又具有不同的创新点，分别在技术、概念、需求、外观设计等方面独具特色。

（4）技术创新，确立品牌地位。技术创新是企业参与市场竞争赢得竞争优势的重要途径，技术创新能力是企业掌握市场主动权，进而成为行业领先者和市场领袖的基本条件。通过技术创新，海尔成功地确立了海尔品牌在国内市场的地位。技术创新成为企业持续、稳定、高速发展的基础。

海尔在进行技术创新时遵循三条原则：课题市场化、成果商品化、目标国际化。

课题市场化。海尔认为市场是所有企业一切工作的起点和归宿，因而技术创新的课题要从市场中来，又要服务于市场。海尔在确定课题时，紧紧把握住从市场出发，从消费者的不满意点、遗憾点、希望点出发的原则，形成“课题来自难题”的局面。例如，为解决消费者难题而开发的小小神童，在 2 年多的时间里“繁衍”了九代，产销量突破 100 万台，并出口到轻易不进口家电产品的日本、韩国等国，在世界家电市场引起巨大的轰动。

成果商品化。创新开发的新技术、新产品，最终要通过商品化回到市场。技术创新最重要的是要有市场效果，这是检验技术创新工作成功与否的重要标准。海尔集团 1998 年具有新产品、新技术 262 项，有 236 项成果实现商品化，商品化率达 90%。

目标国际化。目标国际化就是要求企业的技术创新成果在所属技术领域内要达到国际先进水平。技术创新工作绝不能闭门造车，必须立足高起点，“站在巨人的肩膀上”，利用最新科技手段来保障技术创新成果的生命力和竞争力。目前海尔已进入影响集团及行业发展的关键技术领域，开展了以CFC替代、节能、静音化、数字化、信息、生物工程、高分子材料等为主的多方面超前研究。海尔现已形成了较强的技术储备能力，技术储备项目达到68个。

5.4.1.3 争创国际品牌

1998年以来，海尔集团全面实施国际化战略，争创国际化的海尔。海尔提出的“国门之内无名牌”的思想，实质是在国内市场取得稳固的地位后，要到国际市场上竞争，逐步在国际市场上树立自己良好的品牌形象。争创国际化的海尔是海尔集团今后发展的战略目标，这是海尔自身发展到一定阶段的需要，也是经济全球化趋势对海尔的必然要求。

(1) 先难后易，打开国际市场。海尔采取“先难后易”的出口战略，即首先进入发达国家建立信誉，创出品牌，然后再以高屋建瓴之势占领发展中国家市场。

欧美发达国家对家电产品要求标准都较高，而且不少国家都有较为严格的安全证。例如，美国的UL认证、加拿大的CSA认证、欧共体的CE认证等，要向这些国家出口就必须通过上述认证。现在海尔产品先后通过了UL、CSA、SAA、VDE、CE、SASO等15个种类、48个国家的国际认证。海尔产品先后打入了美国、德国等西方发达国家市场。目前海尔电冰箱、冷柜、空调、洗衣机等几大骨干企业都已通过了国际质保体系方面最高认证——ISO 9001认证和国际上环保体系方面最高认证——ISO 14001认证，促进了海尔的对外出口。

海尔的出口量逐年翻番，以海尔产品的高质量树立了国际市场的信誉，并坚持在发展中对国际市场布局进行多元化战略调整，有力地开拓了国际市场的大好局面。目前海尔产品已出口到包括欧美、日本、中东、东南亚、非洲等 87 个国家和地区。1998 年，海尔电冰箱、冷柜、空调、洗衣机四大主导产品出口量分别同比增长 21%、144%、183%、134%。全年出口创汇达 7665 万美元，较 1997 年同期增长 36%。

（2）构建海外专营网络，实现全球市场竞争。全球化的营销网络是保证产品大批量出口国际市场，参与全球市场竞争的关键。建立全球化的营销网络是海尔的营销战略目标。

目前，海尔已在海尔外发展了 49 个经销商，销售网络达 3000 多个，并在中东和德国分别建立了"国际物流中心"。

经过多年的努力，海尔产品出口海外市场的布局日益合理，欧美地区占 60%，东亚地区占 16%，表现出市场多元化的特点，有效地规避了东南亚金融危机带来的风险。在美国销售的 184 升以下的电冰箱中，有 20%来自中国海尔；海尔和菲律宾 LKG 公司合作生产的海尔牌电冰箱打破了菲律宾冰箱市场被日本、美国等产品垄断的局面，在菲律宾大型连锁店超市 SM 中，海尔电冰箱随到随销，受到当地消费者的欢迎。

（3）"三个三分之一"。海尔以创国际名牌为导向的国际化战略，通过把国际市场作为发展空间的"三个三分之一"的目标正在加快实施与进展。

"三个三分之一"，也就是全球市场的发展规划。海尔产品三分之一国内生产国内销售；三分之一国内生产国外销售；三分之一国外生产国外销售。

国外建厂、生产、销售是海尔创国际名牌，把自身建设成为国际化的海尔的非重要一步。在国内生产国内销售、国内生产国外销售的前两步成功迈出之后，海尔在海外建厂、生产、销售上也迈出了前进的脚步。海尔先后在菲律宾、印度尼西亚、土耳其和南斯拉夫等国输出技术并设厂生产，产品实现了当地生产、当地销售。1999 年，海尔在美国南卡罗来纳州建立大型独资家电生产基地，形成了海尔产品在美国的设计、生产、销售一条龙系统，全面进军国际市场，实现全球竞争。海尔在销售过程中关注质量、售后服务等树立海尔品牌的国际形象。在欧美、东南亚地区，海尔的广告牌巨型灯箱广告同世界名牌家电比肩而立；海尔蓝和海尔标志的用户服务车也在当地形一道独特风景。另外，海尔还建立了全球化电话服务体系，让海尔的用户无论身处世界何地，都能享受到海尔的星级服务。

（4）国际化的信息、技术开发网络。海尔要创国际知名品牌，建成国际化的首尔，必然要在国际市场上同欧美、日本等国的知名品牌竞争，国际化的信息、技术开发网络是海尔产品取胜的保证。海尔集团以高额的投入加快国际化进程，并力争达到全面与国际化接轨。

国际化信息网络由“紧跟国际先进技术产品分析、评审”的内部机制与由首尔、东京、里昂、洛杉矶、蒙特利尔、阿姆斯特丹、硅谷、悉尼、中国台湾、中国香港建立的 10 个信息分中心组成的外部网络构成。通过内外部的统一，获得并利用最新的信息开展技术创新工作，实现满足国内外市场不断变化的需求。

国际化技术网络由国外战略联盟系统与工业设计系统和国内广泛的产学研联合体组成，实现海尔产品在技术、产品上的个性化，适合全世界每一个角落、每一个细分市场的需求。国外战略联盟工作系统以围绕企业发展战略与国际先进企业进行全面合作。与意大利梅洛尼公司的进一步合作，使海尔集团在国内巩固了洗衣机技术的领先地位。另外，还与德国迈兹、荷兰飞利浦、日本松下分别在全媒体技术、数字化技术、变频技术等方面建立了技术联盟关系，形成海尔在高新技术方面的优势；工业设计系统为海尔产品进行了 PI 提案开发、产品个性化设计、家电产品人—机接点等课题的研究，为海尔产品覆盖全球进行设计开发，形成海尔产品在工业设计方面的整体优势。

海尔在国内有广泛的产学研联合体。海尔集团控股经营国家级科研机构——工程塑料国家工程研究中心；海尔以控股方式与国家广电总局广播科学研究院合资成立海尔广科数字技术有限公司；海尔与北京航空航天大学、美国 C-MOLD 公司合资组建北航海尔软件有限公司。

海尔同国内外大公司、科研机构、大学等成立了 48 个联合研究中心。海尔还先后与复旦大学、上海交通大学、浙江大学合作建立了 5 个博士后工作站，在化学及材料、数字技术、软件技术、生物工程、海外本土设计等方面开展博士课题研究。通过广泛的产学研联合，有效地加速了科技与经济的结合，提高了企业技术创新能力，增强了市场竞争力。

海尔的国际化战略既是对自身发展的需要，又是经济全球化趋势的必然结果。由于海尔坚持创国际名牌，树立国际信誉，因此在国际市场上逐步树立了良好的品牌形象。1998 年 11 月 30 日，英国《金融时报》进行的亚太地区最具信用公司评比中，海尔成为亚太地区进入前十名的企业中唯一的中国企业。同时，美国权威的《家电》杂志公布全世界范围内增长最快的家电企业，海尔排在美国、日本等家电名牌之前，名列榜首。

5.4.1.4 新时代的海尔集团

互联网时代的高速发展，越来越多的企业加入互联网大军中，转型成为互联网企业。创立于 1984 年的全球大型家电品牌的海尔集团也不例外。2005 年 9 月 20 日，海尔首次提出转型“人单合一”的转型模式，即把所有有关创新的相关者的资源都整合起来。目前在 Web 3.0 时代，海尔的转型模式已在“人单合一”的基础上逐渐发展成“人单合一2.0——共创共赢生态圈”，即通过互联网媒介，建立一个共创生态圈，把相关者的资源整合起来，使得多方都能够共赢增值。

海尔集团在新的共享经济和体验经济时代背景下，不断探索正确的转型道路，目前在三个方面都完成了突破性的改变。在战略上，海尔集团始终坚持“人的价值第一”的商业模式，注重人的价值，“人”不仅指用户，还包括海尔员工等各涉及人员，在转型过程中，员工的身份也进行了转变，不再是单纯的雇佣者和执行者，可以转变成创业者、动态合伙人加入动态的共创共赢生态圈，实现生态圈中的各方共赢增值。在组织上，海尔集团从传统的、封闭的垂直组织架构转变为开放的、扁平式的网络化节点。在制造方面，首先海尔充分利用互联网思维，将工厂互联网化，替代传统的物理工厂。其次用户需求精细化，不再以传统的大规模的方式生产而是定制化生产，满足用户的个性化需求。

海尔将诚信作为企业发展的宗旨，在发展过程中逐渐注重用户的价值，让用户参与到企业的产品创新中，并打造线上线下一体化，构建在线社区为用户参与创新搭建平台。海尔能成为物联网时代的引领者与海尔注重用户创新实践，利用用户创新需求和创新智慧是分不开的。海尔在创新方面注重寻找用户的真正痛点，而不是基于产品功能创新的“伪需求”。利用用户思维，让用户参与新产品创新，解决了信息黏性的问题，使用户的需求得到满足，从而提升了品牌的忠诚度和实现销售的飞速提升。

5.4.2 海尔虚拟社区

(1) 海尔虚拟社区

海尔虚拟社区在互联网的发展浪潮中应运而生。它是海尔官网旗下的用户交流体验平台，为用户提供海尔所有产品以及各种生活话题的讨论。拥有大量来自海尔官方以及海尔粉丝提供的关于海尔产品的测评、价格、性能、销售等相关话题内容，还会在社区中提出自己的需求等。海尔社区遵循开放、合作、创新、分享的理念，提供给用户交流分享的平台，并更强调与社区的创新作用，通过整合各类优秀的解决方案、智慧和创意，与用户进行合作，用户在社区中直接提交创新需求和技术方案，不断地反馈和改进，生产高品质的产品。在社区中的每个用户都是一个知识库，他们以发帖、回帖的方式分享自己的知识，并且在企业抛出一个想法的时候参与到讨论中，将知识传递给企业。

目前海尔社区共有论坛、海星汇、活动、免费试用、服务台和海贝商城几大板块。在社区中交流的内容包括用户与用户之间，关于海尔产品问题的交流互动体验；海尔官方与用户之间，关于海尔产品进行的互动交流体验；海尔社区管理员与用户之间，基于用户各种生活交流、产品交流的互动体验。在论坛板块中主要是关于海尔产品的一些帖子，大家发帖时会选择不同的领域发表自己的看法，包括一些建议和产品使用的反馈意见以及一些新的需求等。其他用户和社区管理员以回帖的方式进行互动，发表自己的看法。

社区成员主要由社区管理员、海尔工作人员、意见领袖及普通用户四部分组成。管理员的主要职责为社区事务解决，网友问题解答，社区公告及版面内容、社区活动策划及执行等。海尔工作人员主要负责海尔产品问题解答、海尔产品评测、线上线下活动的组织等。意见领袖是从海尔社区用户中选拔的优秀人员，也就是领先用户，拥有意见优先采纳、新品优先试用、协助社区管理员的部分工作等权利。意见领袖按期评级，不达标者海尔社区有权撤销其意见领袖称号。社区的普通用户拥有在社区内自由交流、参加海尔社区组织的线上线下活动、获得社区发放的各种福利及提出意见、建议等权利。

（2）海尔社区的激励机制

凡是登录海尔社区者，均可获得一定的登录积分，累计登录天数越多积分越多。社区管理员将会对社区内的好帖进行加精华的奖励。社区的积分“海贝”可以在社区超市和某些活动中换取一定的实物奖励。社区的优质网友以及活跃用户，将会被直接选拔为意见领袖。意见领袖在社区板块具有领导带头作用，对海尔的各种线上线下活动有优先参与权。社区将会不定期地举行各种优质线上线下活动，邀请优质网友进行参与体验。

因此可以说，海尔以用户的参与感作为最核心的理念，通过建立的各种社区平台，并且拥有优质的内容、完好的激励体制以及企业内部资源的支持，已经把海尔社区打造成为一个通过互动形式来实现用户深度参与创造价值的虚拟平台。

5.4.3 海尔虚拟品牌社区用户参与产品创新

在海尔虚拟社区中，用户参与产品创新的主要途径是在社区中以发帖或者回帖的方式与企业进行互动，下面以例子的形式介绍在产品创新的不同阶段用户参与产品创新的过程和机制。

在产品创意与概念阶段，企业在社区发布创意活动，如在社区发帖寻找针对宝宝衣物消毒而设计的迷你洗衣机的创意和想法。首先企业在社区发帖说出自己的想法，并提出几个关于针对宝宝衣服消毒的日常做法以及提出利用高温烫洗消毒做法的可行性，并向用户寻求对宝宝消毒洗衣机的创意和想法。为了吸引用户的积极参与，企业对其以海贝的形式进行物质奖励，奖励程度与用户的参与程度和提供信息的有效性及完整性有关，对用户的信息抄袭和无效性信息不予奖励。用户在看完帖子之后，基于自身的内在需求和物质奖励的吸引，利用自己关于这方面的知识进行回帖，提出自己的想法。企业会以回帖的方式在用户的帖子下方进行互动，深入了解用户的想法和意见，并整合用户的创意加入新产品的开发中。

海尔之所以成为物联网时代的领跑者，其原因在于注重用户价值。利用社区，给用户与企业之间的交流与互动搭建平台，通过社区获得用户的创新需求和知识，从而提高创新绩效。笔者通过对海尔社区成员的知识分享内容进行查看和分析，发现其大多存在不同程度的泛家意识：一是对海尔社区产生很强的安全感；二是对海尔社区有很强的情感归属。表 5-3 列出了海尔社区消费者的知识分享内容。

表 5-3 海尔社区消费者的知识分享内容

	知识分享内容
安全感	“我喜欢电脑可以方便办公的功能，父母有时也会用它玩游戏，我觉得还是很便利的。”
	“买海尔吧，什么问题都能解决。”
	“海尔电器所有的功能都很科学，并且好用。”
	“海尔品牌值得信赖！”
情感归属	“海尔净水的粉丝是美丽的，我们期待你的佳作！”
	“各类电器琳琅满目，小巧、袖珍、功能丰富，让一个人的生活也变得妙不可言。”
	“期待海尔中央空调质量过硬，安装更便捷，售后有保障。”
	“不被时光裹挟，不被岁月侵蚀。在努力变美的路上，海尔冷柜一直相伴左右。”
	“时光如水，你改了容颜，我却始终没改真诚到永远的初心。我们与海尔同在，一起相伴未来，共同迎接新的一天，新的生活。”
	“水是生命之源，饮水安全才能保证身体健康，海尔真诚到永远！”

5.5 网易云音乐社区案例

5.5.1 网易云音乐简介

（1）网易云音乐的发展

网易云音乐由网易杭州研究院从2012年7月开始研发，由前网易娱乐频道主编丁磊担任项目总监。丁磊曾策划过赵传北京演唱会、贺兰山摇滚音乐节等大型演出活动，还曾企划或监制过赵薇、水木年华、李健、谭维维、Rain等艺人的唱片。

2013年1月24日，网易低调在iTunes商店上线其在移动端的第一款音乐应用“网易云音乐”，并标榜其是一款“依托专业音乐人、DJ、好友推荐及社交功能，专注于发现与分享的音乐产品”。三个月后，丁磊带着快速迭代出来的iOS V1.3和Android V1.2版本的网易云音乐客户端在北京高调举行发布会，宣布网易正式进军数字音乐领域。在发布会上，丁磊声称基于PC时代音乐产品和模式将会过时。“移动化、云服务、社会化三大特征让数字音乐的传播和消费发生了革命性的变化，智能手机会成为获取音乐的最主要方式。移动互联时代的社交属性与音乐的社交属性也实现合流，无互动，不音乐。”因此，丁磊把网易云音乐定位为一种“移动音乐社区”的新形态，而网易云音乐的目标则是“成为中国最大的移动音乐社区和开放平台，形成独一无二的以用户为中心的音乐生态圈”。

截至2013年9月，网易云音乐上线八个月的时间，注册用户已达600万人；歌单总量超千万个，其运营数据表显示，在歌单、单曲、专辑和歌手TOP 50等多种音乐形式中，80%的用户选择了收听歌单。

2014年3月25日，网易云音乐召开发布会，发布了《2013—2014年度网易云音乐白皮书》，同时也正式启动校园音乐开放日活动。白皮书中公布了一些网易云音乐的相关数据：自2013年4月诞生以来，网易云音乐累计用户超过2000万人，入驻的明星超过500位，收录音乐超500万首，用户自主创建的歌单3200万个。听众累计在线听歌总时长超过60亿小时，平均每首歌被播放时长超过120小时，如果按照一首歌平均时长4分钟来计算，每一首歌在过去1年里被播放了1800次。

2014年5月27日，网易在798举办了“网易云音乐”发布一周年庆典，丁磊公布了这1年多来，网易云音乐取得的成绩：拥有3200万个用户自主创建歌单，成为中国最大的在线歌单音乐库。

2014年8月30日，网易云音乐正式上线Windows Phone平台，至此实现iPhone、Android、Web、PC、iPad、WP、Mac七大平台客户端全覆盖。

2015年7月14日，网易云音乐宣布其用户数突破1亿人，累计产生1.2亿条乐评和2亿次的音乐分享。用户自主创建的歌单超过6400万个。2015年1月至5月，市场份额增长率位列第一。

2015年10月13日，QQ音乐与网易云音乐达成版权合作，向网易云音乐转授音乐版权150万首。

（2）网易云音乐的战略和特色

相较于竞争对手，网易云音乐几乎是以迅雷不及掩耳之势席卷了移动音乐市场。QQ音乐是2007年推出的，天天动听成立于2008年，酷狗音乐的第一个版本出现于2004年，酷我音乐成立于2005年，千千音乐2006年被百度收购，并在2013年更名为百度音乐，2006年虾米音乐成立。其中，虾米音乐5年才有2000万名注册用户，天天动听3年的装机量才3000万。而网易云音乐仅仅1年半的时间就获得了5500万名用户，几乎是行业神话。

虽然起步较晚，远落后于其他公司，而且面临极大风险，但网易云音乐依靠准确的定位，率先在用户群中建立了移动音乐社区转而以用户为中心打造音乐生态圈。BAT 作为互联网市场的三大巨头就像三座高山一样笼罩着各个领域。早期网易云音乐出现时，BAT 并没有大肆打压，彼时它们的目光并没有放在网络音乐这个点上，网易云音乐就此抓住机会，尽管是在竞争进入白热化阶段进入市场，但面对各种对手的压制，网易云音乐展现出了极强的韧性。网络音乐的市场份额每年都在增长，这是毋庸置疑的，一面是传统唱片公司的萎靡，另一面是网络用户的增长，两方面都驱使网络音乐整体的市场份额快速增长。市场空间的增长给予了网易云音乐良好的契机。移动互联网的崛起在近 5 年的影响格外明显，互联网的发展壮大冲击着各个传统互联网领域，新闻门户、社交网络、电商等莫不如是，移动智能设备近年来的快速发展也为无线音乐市场的增长孕育了温床，网易云音乐在此时进入市场，也可以说是搭上了移动音乐的末班车。而且网易云音乐在前期便投入了数千万元的资金，其中 80%左右的资金都用以运作音乐版权。正版资源从最初就是网易云音乐主打的一个重要特色，特别是继版权局于 2015 年 7 月出台《关于责令网络音乐服务商停止未经转授权传播音乐作品的通知》之后，版权资源的优势更有利于网易云音乐在未来阶段的发展。

另外，网易云音乐注重消费者体验，在应用的 UI 设计、用户反馈等各方面都加以用心，甚至在推荐方面都采取人工推荐与机器推荐相结合的方式，对于一款音乐产品真诚的用心和独树一帜的姿态令人折服。在百度音乐、QQ 音乐、酷狗音乐、酷我音乐等传统音乐产品一步步向“腐朽”迁移时，网易云音乐抓住在移动互联网崛起的这段时间有特色的网络音乐产品缺失这一机会，以“不走 PC 音乐播放器”的套路推出，并以歌单、社交等标签迅速在众多产品中脱颖而出。

网易云音乐主打的是歌单、社交、音乐指纹及大牌推荐四大核心功能。借鉴了Spotify的运营，网易云音乐也把歌单作为最基本的歌曲组织形式，“发现”音乐里的推荐、最热、DJ以及分类都是以歌单的形式呈现的。而其中的“DJ”则邀请了一些大牌DJ、音乐人加入，打造网易特色的“大牌推荐”，让他们在里面分享、推荐音乐，甚至是参与独家自制节目。有了移动基因的先天优势之后，网易云音乐对于产品的定位有了更深层面的理解。网易云音乐允许用户导入原有手机通信、SNS关系，还能用LBS查看附件用户分享的好音乐。这一系列的动作，都在告诉用户，这是一个音乐社区应用，而不仅仅是一个音乐播放器。

网易云音乐对于产品的差异化定位，又在抢占用户“心智”上占据先机。更换用户心智的选择需要非常高的代价，但抢占一个空缺的心智空间只需要极少的成本。如果你以一个播放器的定位去教育用户抛弃他原有的选择，是非常艰难的，但如果以一个音乐社区应用这样的定位去面对用户，用户就不会产生潜在的抵触情绪，会愿意接受，并且一旦形成这种品牌的第一选择之后，后来者是很难撬动的。

网易云音乐以创新独特的视觉杀入移动音乐领域，凭借定位、内容、UI、服务的差异化成为后来居上者，成为年轻人挚爱的音乐APP，以优质的用户体验和服务赢得大众的口碑，通过不断的用户积累沉淀、产品体验优化、优质原创内容，在后期探索适合自己发展的盈利模式后，网易云音乐的发展将有更大的一片天地。

5.5.2 网易云音乐社区

网易云音乐主打发现和分享，是一款音乐社交产品。通过“个性推荐”“私人FM”，根据用户喜欢的音乐、历史播放等习惯推荐了音乐，其算法较其他同类产品精准很多，更多符合个人口味，体验感比较好。通过制作音乐歌单、音乐评论、朋友圈动态等产生内容分享及建立关系形成社交。

（1）外部压力越大的群体，内聚性越强，就越容易形成社区。网易云音乐创建于2013年，相较于2005年的QQ音乐等其他“老牌”音乐应用是比较小、比较新的。开始阶段的策略是吸引被QQ音乐等其他音乐平台所遗失的那部分用户，喜爱小众音乐的用户。当时QQ、酷狗的音乐平台的曲库优先级、推荐按照人气热度来排列，导致喜欢小众音乐的爱好者的需求在这些平台上无法得到满足。而豆瓣、虾米等较为小众的音乐平台也没有重视这些音乐爱好者，为其提供相应的服务和体验。

云音乐一系列如音乐人的合作和宣传等操作，快速吸引了在其他音乐平台“不受重视”的用户，由于越是小众群体，群体的内聚性就越强，通过第一批种子用户的分享和推荐，第二批、第三批口味相同的用户也迅速聚拢起来，形成了有用户认同感和可以感受到温暖的社区。

（2）社区中的内容生产有1：10：100的规律，1%的用户发帖，10%的用户评论与互动，90%的用户只是内容消费者。因此找到那1%的人不断贡献内容让社区良性运转非常重要。当形成一定用户规模的时候云音乐的歌单、评论和社交功能就会火爆起来，大量有意思的歌单和评论就会出现，许多知名的音乐人就会入驻，成为加V用户。云音乐也找到了自己内容生产的那1%和10%。

（3）良好的工具体验，能够直接降低内容生产的门槛。每个人都有自我表达的需求，社区运营的关键就在于用工具降低门槛。云音乐的用户可以通过评论和回复其他人的评论、制作自己音乐的歌单、编辑歌词、分享转发音乐、更新状态等简单的操作生产内容和互动。

（4）树立标杆用户，让少数人先受益，同时让用户知道产品怎么玩。种子用户的聚拢、音乐人的入驻，形成了良性的互动。用户通过算法的精准推送和社交属性的互动非常容易替换其他同类类产品，以及一些小众的音乐人也在平台中收获了喜欢他们音乐的听众以及被传播得更广泛。

（5）社区氛围是社区的软实力。云音乐的社区氛围相较于其他音乐平台是比较好的，因为音乐社交产品的定位比较清晰，以及在一定用户规模时有低门槛操作的内容生产和社交属性的各种互动。让用户有习惯“听音乐、写评论”的行为模式，而这种行为模式会形成平台的氛围，并呈正反馈。

（6）利益的刺激不仅是物质层面的，精神层面上更值得挖掘。这方面云音乐很好地满足了听众和音乐人，也为双方搭起了很好的桥梁，满足了双方精神层面的表达诉求和认同感。云音乐的调性有一种小清新、小文艺和小情怀。在这方面体验还是有别于其他音乐平台的。

（7）消费社区可以大张旗鼓地提供能增强购买便利性的功能，千万不要扭扭捏捏。云音乐有每日签到、分享、邀请好友、完成任务、上传歌词等方式赚取积分，积分可在商城中兑换商品，留存用户的同时刺激用户消费，是盈利的一种模式。其他方式包括会员、流量包、一些活动票务、数字专辑、付费收听和下载等。有相应的消费场景和便利的方式。

（8）社区是一个生态系统，要维持平衡性。在社区中，有人生产内容、有人消费内容、有人传播内容，还有人谋取商业利益。但这个食物链非常脆弱，只有弄清每个群体的诉求与价值，维护好平衡性，社区才能持续运转。目前来看，云音乐社区的运转还算良性，但因为短视频的火爆云音乐也引入了短视频的模块。并且在最近的更新中放置在了首页的位置，这对原来音乐社交平台的定位进行了调整。但短视频毕竟和音乐的内核不一致，虽然在社交的属性上可以进行外延。至于策略调整的效果还需后续体验。

5.5.3 网易云音乐的社区营销策略

5.5.3.1 吸引同好群体

（1）利用长尾效应，吸引小众群体

丁磊创办网易云音乐的初衷就是他无法在QQ音乐、酷狗音乐等量级音乐平台上满足自己对小众音乐的偏好。出于对小众音乐的追求和对有独特音乐口味的用户的关注，2013年网易云音乐创办初期就开始与知名Live House的常驻小众音乐人进行合作，为他们推出云音乐独家单曲与专辑，举办网易云音乐冠名的巡回演唱会等。小众音乐人入驻网易云音乐平台，他们作为特定音乐圈子的核心意见领袖，很快带动了一批粉丝以及有相同音乐喜好的人加入。这些小众音乐爱好者不被大组织所重视，但他们却有很强的自传播性，他们本身就是一个个传播节点。同时，由于越小众，群体内部成员所表现的紧密度越高，这些群体一旦在在线社区形成了良好的互动沟通，便会对网易云产生较强的品牌黏性。正是由于网易云音乐很好地利用了“长尾效应”，吸引了有相同音乐偏好的人，才使得它从一开始就显得与众不同（崔静、翁璇，2018）。

（2）基于数据，吸引同好

大数据越来越成为移动平台为用户提供个性化服务的主要工具，网易云音乐也通过强大的数据分析算法让用户能够更轻松地找到自己喜欢的歌曲以及其他有相同音乐偏好的人。网易云音乐从歌单推荐到社交等很多方面都体现了基于数据的兴趣推荐服务。

比起将小众音乐爱好者聚集到平台上，网易云音乐推出的用户原创歌单更能缩小同好范围。网易云推出创建歌单功能，用户可以把自己喜欢的歌曲收藏到歌单中，并给歌单赋予好听的名字、封面及简介，将其分享到网易云音乐平台或其他社交平台，让更多的用户可以听到。同时网易云也会通过数据分析算法为用户推荐其他用户具有相同音乐偏好的歌单，从而引发用户对歌单的收藏和对创建者的关注。另外，网易云还着力打造基于音乐的社交，推出了“因乐交友”板块，通过获取用户音乐数据，为其推荐匹配用户。相同的音乐偏好使社区成员间有了共同话题，从而促进了成员间的交流与互动。

5.5.3.2　合理的社区结构

(1) 社区成员结构完整

在线社区成员一般由创建者、管理者、参与者、开拓者、分化者、合作者、付费者七种角色构成。

①创建者是指社群的建立者。网易云音乐的缔造者是丁磊，丁磊除了是网易云音乐的 CEO，更是实际地参与到社区中，他有自己的网易云音乐账号，并多次发布动态分享自己喜欢的单曲或歌单，这种互动方式拉近了他与用户间的距离。

②管理者是社区的维护者，他们为了社区的良性发展而存在。在网易云社区中，云音乐小秘书、空虚小编、原创君、云村交友小秘书等在其中发挥着管理者的作用，用户虽然不知道他们是谁，但网易云音乐的活动推广、软文内容、发现原创音乐人等客服内容都是由他们来完成的。

③参与者则包括社区中的每一名成员。从普通用户到入驻网易的音乐人，再到以丁磊为代表的创建者，他们都是社区的参与者，他们因为网易云音乐而聚集，他们的活动维系着社区的发展。

④开拓者和分化者为社区的扩张与延伸提供帮助，网易云社区的开

拓者和分化者主要是在各类社交平台上建立账号的工作人员。

⑤合作者是社区利益产生的关键。对于网易云音乐来说，合作者众多，联合跨界营销的农夫山泉、京东、悦诗风吟、屈臣氏等，入驻的知名音乐人、小众音乐人等、网易云冠名的演唱会的主办方等都是网易云音乐的合作者。

⑥网易云音乐的付费者主要指黑胶 VIP 会员、音乐周边消费者以及流量付费者，付费内容可以为音乐平台带来收益。

（2）社区管理规则

网易云音乐的社区管理规则主要是中心化和去中心化两种。中心化模式在网易云社区主要表现为以音乐人为意见领袖的成员关系，这种关系使得处于金字塔顶端的意见领袖有更强的领导力和煽动性，他们的意见往往能在很大程度上影响其他成员的意见。他们对网易云音乐品牌的态度和立场对其粉丝有很大的影响；去中心化模式则主要表现为，在社区中每名成员都有平等的话语权，每一个网易云音乐用户都能够自由地发表言论，分享自己对音乐的看法，创建自己的歌单，都有关注他人和被关注的权利。

5.5.3.3 高质量的内容输出

在社区有内容才有存在的意义，网易云音乐的内容输出主要体现在优质的感官体验和用户原创内容上。

（1）优质的感官体验

网易云给用户带来视觉和听觉上的感官体验，其别具特色的产品设计，体现了产品的个性和区别于其他产品的差异（韩婷，2018）。在听歌界面上，网页云音乐设计简洁，匀速转动的模拟黑胶唱片以及和专辑图片相称的模糊的背景色给用户带来古典而又高级的文艺感。滑动切歌的设计也让用户选择歌曲更加方便、快捷。在用户界面上，允许用户自定义背景图片和主题色彩也让界面的设计更加人性化和个性化。

音乐软件的核心在于听音乐。网易云音乐乐库数量庞大，满足用户的多种音乐品位。用户可以在线试听也可以下载歌曲，其免费试听的音质相当于同类音乐平台的会员音质。对于下载歌曲来说，网易云向用户提供多种音乐品质，选择多样化。

（2）用户原创内容

用户原创内容（UGC）是网易云音乐的最大卖点。从原创歌单到原创评论再到原创音乐视频，用户的主动参与给社区的内容输出带来了多种新意。每首歌下面都会推出用户的评论，用户可以把自己对歌曲的感受与思考发表达出来与他人进行分享，获得高赞数的精彩评论会被安排在评论的前列让更多的用户可以看到。边听歌边看评论已经成了许多社区成员的习惯，看到别人的故事仿佛看到了自己也成了许多用户共同的感受。评论成了社区成员间交换情感的桥梁，让成员间情感产生共鸣，加强了对彼此的认同和联系。另外，网易云社区规范化的评论规则和奖惩机制也在一定程度上避免了内容的低质化。

5.5.3.4 富有创意的运营模式

（1）打造"云村"家文化

研究表明，在中国传统家文化的熏陶下，社区成员对亲密的组织也会产生家的概念，在在线品牌社区活动时会对社区组织产生一种泛家意识。而社区以"家"命名更能增强成员的"主人"意识，从而表现出更高的忠诚度（赵建彬、景奉杰，2015）。当前在线社区也都以"家""家园"等类似的名称命名，而网易云音乐正是以"云村"自称，并将社区中的成员称为村民。这种亲近的称呼使得成员的情感联系更加紧密，也激励成员主动维护社区建设。

(2) 创意营销

网易云的营销策略屡屡让人拍案叫绝。与农夫山泉跨界营销，让音乐似水般温情；在地铁、飞机上大面积张贴创意文案的大胆行为让网易云营销范围大大拓宽；极具温度的视频广告让用户感受音乐的魅力；年度听歌报告给用户专属的独家音乐记忆，一次次富有创意、让人耳目一新的营销事件让人们看到了网易云音乐的用心，也让音乐的力量更加深入人心，这让云村用户感受到了一种自豪感和归属感，增添了对网易云的信任与依赖。

5.5.3.5 通过复制扩大社区规模

社区发展到一定阶段会通过复制扩大社区规模，增强社区的影响力。随着互联网的发展，各类媒体平台也应运而生，这为社区的扩张提供了更加有利的条件。但不同平台针对的用户群体相同，社区在不同平台上的侧重点也不相同。网易云音乐就已在不同的社交平台如微博、知乎、微信等拥有自己的账户或话题。在知乎上，用户多通过阅读了解事物，网易云就主要侧重话题讨论，目前已有900多条相关话题讨论。而在微博上，受微博本身功能的影响，则主要侧重于海报、视频的宣传。在微信上，网易云主要通过公众号和小程序推广音乐相关软文及会员信息。

另外，从音乐社交到音乐电商，网易云也在不同领域延伸着。在APP上的商城专区、第三方交易平台上的店铺以及微信小程序商城等都开始销售自己的品牌音乐周边，在拓展业务的同时，也将粉丝的忠诚化作了实际购买力，为品牌带来收益。

5.5.4 网易云音乐对音乐类平台在线社区营销的启示

(1) 正确理解在线社区的意义

网易云音乐的对手产品大多是曲库搜索型产品，缺乏创新且同类产品过多，极容易被替代，用户对这类产品只满足于听歌的需要而没有情感寄托，用户黏性和忠诚度低。而自从网易云音乐创造“音乐+社交”的先河，便引发了音乐平台的模仿热潮，但许多平台并没有真正理解社区营销的内涵。以为单纯的音乐评论功就是打造在线社区。真正让用户对品牌产生依恋的是成员间情感的共鸣以及品牌与用户自我意识的高度一致（唐至博，2019）。网易云偏小众化、年轻化、个性化、文艺性、社交性的特点，符合当代年轻人的心理特征，在这里他们独特的个性能得到张扬，还可以找到和自己志趣相投的人。因此，对于大多数想要转型的传统音乐平台来说，抓住用户之间的同好，并以此为切入点，打造基于音乐的多方位社区成员联结尤为重要。

（2）诱发用户创新

成员自发创造的社区内容往往比官方信息更具说服力。而网易云音乐正是给了用户极高的自主权，歌单不是官方编辑而是由用户自主生成，音乐视频也是由社区成员自己上传的，精彩评论更是来源于民间智慧。每一个用户的参与都会被云村记录并分享给他人，看到自己的创作被广泛传播并得到他人认同而产生的自豪感，极大地激发了用户的参与度与创造热情。因此，对于在线音乐社区来说，如何合理地管理、运营社区，让用户对社区拥有责任感和沉浸感，激发用户的创造力是值得思考的问题。

（3）重视版权问题

提到网易云就不得不提它的版权问题，网易云以社交音乐著称，但也因版权不足而被诟病。对于音乐平台来说，充足的曲库和音乐版权才能给用户带来更多样化的音乐审美体验。版权不足导致歌曲频繁下架除会降低用户体验外，还会给用户带来品牌非专业、没有诚信的印象。在网易云的背离群体中，多数是由于版权不足而转移到其他的音乐平台上的，这也给了类似产品以警示。

通过基于社区营销的ISOOC模型对网易云音乐的营销策略进行分析，发现在吸引同好方面，网易云音乐利用“长尾效应”和大数据吸引了小众音乐爱好者并引导用户与志趣相投的用户互动交流；在社区结构方面，社区的完整成员体系和合理的社区管理规则使得网易云社区管理更加标准化、规范化；在内容输出方面，网易云独特的感官体验和优质原创内容加强用户黏性，激发用户创新；在社区运营方面，网易云音乐合理利用成员的泛家意识以及创意营销，增强成员责任感与自豪感，巩固用户忠诚；在社区复制方面，多平台多领域的扩张增强了社区的影响力。

5.6 案例的对比分析及启示

5.6.1 相似之处

综观上述案例，虚拟品牌社区的核心就是社区用户，当用户对该社区产生依赖时，成员会反复浏览该社区，并会正面宣传给其他人，增强社区的氛围，增强用户对社区的认同感，进行增强社区情感。

比如，小米社区非常重视“米粉”的参与感，这是小米的核心理念，在产品开发过程中，为了做出符合粉丝习惯的产品，小米社区广泛地邀请“米粉”成为设计参与者，充分听取“米粉”的声音，快速检验试错，快速更新迭代，同样通过参与定制完成产品营销和推广，任何“米粉”都可以成为意见领袖，都可以陪伴小米一起成长。哈雷建立俱乐部之后，更加注重满足终点顾客的情感欲望，培养车友们对拥有哈雷摩托车的荣誉感。终点顾客通过俱乐部的骑行活动，结识了新的朋友，收获了骑行的快乐；通过俱乐部的字母之旅活动，攒积分，换勋章，获得一种满满的成就感；通过在网络俱乐部中发帖、传照片，展现了丰富多彩的骑行生活，表达了自己对自由、反叛精神的热爱。随着俱乐部的发展，哈雷摩托越来越成为一种满足终点顾客情感利益的产品。在兰蔻玫瑰社区的“生活感悟”板块中，用户可以加入感兴趣的话题讨论。目标消费群体所感兴趣的话题几乎都涵盖其中，如恋爱、婚礼、亲子及时尚、旅游等方面。这些话题和帖子都是女性消费者在生活中极度关注并与之息息相关的，她们借此能在兰蔻玫瑰社区中找到情感共鸣，并从中感受到“家”的归属感。海尔社区有着自己独特的用户构造，它将产品使用者和潜在消费者聚集在一起，用户可以提出自己的创意，或者对现存问题的建议，这些参与感会增强成员的存在感和自豪感。有了存在感，成员参与度就会逐渐高了，而自豪感也会促进用户积极参与活动，最后逐渐上升为对海尔社区的忠诚度。网易云音乐社区给了用户极高的自主权，歌单不是官方编辑而是由用户自主生成，音乐视频也是由社区成员自己上传的，精彩评论更是来源于民间智慧。每一个用户的参与都会被云村记录并分享给他人，看到自己的创作被广泛传播并得到他人认同而产生的自豪感，极大地激发了用户的参与度与创造热情。

案例中所涉及的社区，成员们广泛交流、互动频繁，并且在不同种类的社区中成员都有独特的交流语言，俗称“行话”，从而使他们能够更加方便、快捷地交流。同时社区成员都有着共同的愿景，即为了社区更好地发展，为了品牌更加响亮，为了产品更加人性化而共同努力。此外，社区中也普遍存在不同程度的泛家意识，许多成员将社区视为自己的家，将社区成员视为自己的家人，从而在社区感受到强烈的安全感和情感归属。

案例中所涉及的品牌也多采用了线上线下的多元互动方式，从而强化了成员的社区意识。成员的社区意识即成员对自己所在社区的良好认同感、归属感、责任感及参与感，这对成员自觉维护品牌形象，引发购买行为并产生品牌忠诚是不可或缺的重要条件，也是构建虚拟品牌社区的核心环节。虚拟品牌社区想要维持长久的活力，就需要从虚拟边界过渡到现实世界，将社区成员的互动延伸至线下，充分调动成员的互动积极性，增强成员的社区意识。借助社交网络传播的迅速和便利，社区成员每一次反响热烈的线下活动都将引起线上的二次传播分享，进而影响更多人群。这种线上线下全方位的互动也能够调动社区成员的积极性，增强社区成员的归属感和认同感，提高社区意识。

5.6.2 相异之处

在互动交流方面，小米社区的互动交流功能得到了更好的发挥，用户可以在社区中实现与其他用户的互动交流，并且获得了良好的体验，促使用户乐于为社区做出贡献，发表建议和提出要求。兰蔻玫瑰社区培养关键意见领袖，话题深受女性用户喜爱，用户积极参与话题互动，因此社区也有相对较好的交流互动。哈雷车主会作为摩托车爱好者的聚集社区，其线下活动较多，线上的互动交流相对较少。海尔作为家电社区，用户利用社区咨询问题或寻求经验，在其他非专业性方面的互动也较少。网易云音乐社区作为完全的线上社区，社区成员在线上分享着自己优质的感官体验，绝大多数成员都是边听歌边看评论，评论成了社区成员间交换情感的桥梁，让成员间情感产生共鸣，因此它在互动交流上是比较多的。

在社区认同方面，海尔社区中用户信任感和归属感较低，个体主义较强，没有认同其他成员和社区群体。这主要是由于海尔的主要产品为家电，用户在家电产品遇到问题时往往会求助售后进行维修，在社区中发布求助帖的较少。相对来说，小米社区和哈雷车主会的用户社区认同程度较高。小米每年举行回馈粉丝的“米粉节”，哈雷车主会绝大多数车主会分支每月举行聚会，组织娱乐性驾乘活动，也可参与募捐活动，进而使用户对社区产生归属感，增强社区认同。网易云音乐社区吸引的是同好群体，成员们有着共同的偏好，因此对社区也存在强烈的社区认同。

本章采用探索性案例研究的方法，选择受众范围较广的手机类的小米社区、机动车类的哈雷车主会、化妆品类的兰蔻玫瑰社区、家电类的海尔社区、娱乐类的网易云音乐社区为研究对象，通过调查与分析，总结了在线品牌社区中影响消费者知识分享的成因，社区成员感知到的社会资本不同，从而对社区产生程度不同的泛家意识，继而增加消费者的知识分享，补充完善了在线品牌社区的心理中介研究，为企业的社区营销提供了借鉴。

6 研究结论及展望

6.1 研究结论

本研究将研究情境设立在在线品牌社区，在理论回顾和文献分析的基础上构建研究假设，主要探究在线品牌社区中社会资本与消费者的知识分享行为之间的关系，并分析泛家意识在二者之间的中介作用。并以手机类、机动车类、化妆品类品牌社区的成员为主要问卷调查对象，利用实证分析来验证上文中提出的研究假设，得出的主要研究结论如下：

（1）认知资本两维度有利于品牌社区成员产生知识分享，而结构资本两维度的影响作用不明显。社区成员之间的共同语言和共同愿景对知识分享有显著的影响，而网络密度和网络中心性对知识分享的影响不显著，可能是因为在在线品牌社区中喜欢与成员互动以及离网络中心位置很近的成员占少数，从本研究的调查结果也可以看出，有77.4%的调查对象表示他们访问品牌社区是为了获取信息，剩下的22.6%的调查对象才是为了分享知识和互动聊天而访问社区。

（2）H1a、H1b、H2b、H3a、H3b、H4a、H4b 均已得到验证，而H2a 未得到证实。社会资本各维度有利于社区成员产生泛家意识。社区成员之间的网络密度对泛家意识有积极的影响，成员之间的联系越紧密，越容易感知到社区中的亲密性，家的意识就越强烈。网络中心性对情感归属有积极的影响，但对安全感的影响不显著，可能是因为离网络中心位置近的成员会有强烈的“主人”意识，从而获得更强烈的情感归属。社区成员之间的共同语言和共同愿景对泛家意识有显著的影响，成员之间有共同的话题和共同的目标，心往一处想，劲儿往一处使，这样很容易就把品牌社区视为一个整体，从而获得安全感和情感归属。

（3）H5 已得到证实。培养社区成员的泛家意识有利于增加他们的知识分享行为。当在线品牌社区的成员对品牌社区有强烈的泛家意识时，他们必然会拥护该社区，会为了社区更好地发展着想，从而会产生更多的知识分享，增加社区的价值。

（4）H6 部分通过了测试。泛家意识在认知资本和知识分享之间起到部分中介作用，而在结构资本和知识分享之间没有起到中介作用。从实证结果来看，结构资本两维度网络密度和网络中心性对知识分享没有显著的影响，在泛家意识的中介作用下，两维度对知识分享的影响仍然不显著，所以本研究认为泛家意识在结构资本与知识分享之间没有起到中介作用。而认知资本两维度共同语言和共同愿景本身就对知识分享有积极的影响，在加入泛家意识的中介作用下，影响效果仍然显著，且中介作用下认知资本两维度的回归系数绝对值均小于认知资本两维度直接影响知识分享下的系数绝对值，因此本研究认为泛家意识在认知资本和知识分享之间起到部分中介作用。

（5）H7 未得到证实。自我效能在泛家意识与知识分享之间没有起到调节作用。从实证结果可以看出，安全感、情感归属、自我效能均对知识分享产生了直接的正向影响，但在安全感和自我效能的交互作用下及情感归属及自我效能的交互作用下对知识分享的影响不显著，因此自我效能在泛家意识与知识分享之间没有起到调节作用。但实证结果证明了自我效能能对知识分享产生直接的正向影响，这与张鼐、周年喜（2010）和李枫林等（2011）、赵越岷（2010）、Liao（2013）的研究结果是一致的。

6.2 研究贡献

本研究的贡献不局限于探讨在线品牌社区消费者知识分享的前因变量，而是系统地找出前因变量与知识分享之间的中介变量。此外，笔者还结合了西方发达的社会资本理论和中国传统家文化，探讨了社会资本对知识分享的影响。本研究的目的在于说明在知识经济时代，企业要想实现长期的可持续发展，就必须考虑在线品牌社区中的知识创造和消费者分享。通过引入家文化来提高社区成员的社会资本意识，有效地增加知识，从而鼓励企业生产出满足消费者需求的产品，并改善企业与消费者之间的关系。

本研究将社会资本理论与中国家文化思想相结合，构建了影响消费者知识分享的社会资本主体框架，并引入了泛家意识的中介作用。社会资本通过中介泛家意识的作用，进而影响消费者的知识分享，获得实证支持。社会认知理论中引入自我效能作为调节变量，丰富了现有的理论体系。在实践上，一是为加强社区成员积极地分享知识、构建持续的社区关系提供新思路。本研究基于社会资本理论，深入探讨社区成员在社区中所处的位置以及与社区其他成员之间的默契程度，分析社区成员感知社会资本的作用结果，为企业塑造、维护和强化社区关系提供新的视角和思路。二是将中国传统家文化思想作为研究在线品牌社区成员心理活动的基础，社区成员对在线品牌社区产生泛家意识，该意识会让他们认为自己是社区家庭的一分子，会更愿意参与品牌社区的活动，从而提示国内企业管理者在建设、发展在线品牌社区时可以加入家文化的内容，促使社区成员更多地进行知识创造和知识分享。

6.3 管理启示

6.3.1 在建设社区时要适当运用家文化思想

本研究在研究在线品牌社区成员的心理活动时引入了中国传统家文化的思想，将社会资本与家文化相结合，研究表明社会资本存在于在线品牌社区中并给社区成员带来便利，成员感知到社会资本会对品牌社区产生泛家意识，进而影响消费者的知识分享。由此提示国内企业管理者可以采用一些措施来加强社区内的社会资本，并在建设和发展在线品牌社区时适当地加入家文化的内容，从而让消费者产生更多更有价值的知识分享，为社区增加价值。

（1）企业管理者在品牌社区中要规范社区成员的交流语言，对于手机类、机动车类和化妆品类这些不同的在线品牌社区，就要规范不同的语言，成员了解了社区的规则和规范后，才能更好地交流与沟通，从而产生有价值的知识。另外，管理者要对社区平台进行细分，如手机类社区可以分为硬件板块、软件板块、平台外观设计、服务板块等各个细分板块，让消费者很容易找到自己的兴趣点，同时也指向一个共同愿景，就是为了品牌更好地发展。

（2）管理者可以有意识地将家文化的一些元素引入品牌社区中来，不但可以“家”或“家园”命名在线品牌社区，还可以家文化为主题对品牌社区进行建设，并且为品牌社区增添一些如家规或者家庭活动的内容，让社区成员感受到在社区中就像在家里一样。

（3）在中国人“家”的概念里，一想到家首先脑海中闪现的就是房子，而在线品牌社区系统就是社区成员泛家意识中的“房子”，只有存在完善和稳定的“房子”，在线品牌社区的一切活动才能有条不紊地进行，因此管理者非常有必要改进和优化在线品牌社区系统，保证在线品牌社区的质量，让社区成员在社区中感到方便、快捷和自由。

（4）如果品牌社区里有自己亲近的人，社区成员就会感受到家的存在，是这些亲近的人让他产生了家的感觉，所以，泛家意识的产生与社区成员之间的网络关系紧密相连。企业管理者为了增强社区成员之间的联系，可以采取一些措施，如发起一些热门的讨论话题，举办一些有趣的社区活动，通过这些交流与互动可以让品牌社区成员产生家的意识。

6.3.2　利用大数据开展精准营销

精准营销是虚拟品牌社区的重要内容，是企业实现营销目标、提升销量的重要工具，在虚拟品牌社区运营中要应结合数据信息开展精准营销。消费者加入虚拟品牌社区参加在线讨论，要注册自己年龄、性别、电子邮件等信息。企业在虚拟品牌社区的长期经营中可以积累丰富的成员资料，并且对成员的生活作风、消费风格、兴趣爱好、主要技能、职业以及大体收入水平等有相当的了解。通过分析数据得出对自己有利的信息，在此基础上根据客户的消费特征利用虚拟社区开展精准营销，有助于更好地展开营销。

6.3.3　挖掘社区成员潜在需求

在竞争日趋激烈的环境下，有效获取并满足客户需求是企业的重要工作。社区成员的需求体现为对虚拟品牌社区的需求和对企业产品的需求。虚拟品牌社区是获取客户需求的有效途径。品牌向往者、品牌拥有者在社区中注册并参与在线讨论、投票，其中包含丰富的用户信息，如对企业产品的看法、意见、使用心得等用户需求信息。兰蔻玫瑰社区可以与社区成员进行直接沟通，了解其对产品或服务的意见和建议；也可通过数据挖掘技术获取隐藏在大量繁杂的非结构化信息中的潜在用户需求，分析影响消费者消费决策的潜在因素；还可在社区直接进行在线调查，主动、热情地邀请品牌拥有者、品牌关注者及信息搜寻者参与调查，有效获取用户需求，改进企业的产品与服务。

6.3.4 与社区成员共创品牌价值

互联网时代是开源的时代，其核心是资源和利益的共享。用户作为品牌最重要的外部资源，在产品创新过程中的地位越来越重要。品牌价值的提升不应仅仅依靠企业方的营销传播，而应充分发掘虚拟品牌社区成员群体的智慧和力量。让用户真正成为品牌共同的建设者和传播者。品牌价值的提升能够为社区吸引更多的流量，从而扩大品牌社区规模。品牌应赋予顾客场景、剧情、角色，使顾客融入角色，在沉浸式的体验中更容易获得共鸣而产生归属感。小米为了能够与用户在产品设计与研发过程中深入互动，确定了“橙色星期五”的互动模式，用户在社区中提出需求，小米的研发人员则负责将优先级的需求进行处理，团队每周定时在论坛和用户互动，之后统一对上期用户进行回访。兰蔻也可以通过在互联网的广泛传播来鼓励更多的人参与新产品的设计和功能研发，从而激励更多的社区成员参与到品牌价值的建设中来，让企业与社区成员共创其品牌价值。

6.4 不足之处和研究展望

影响品牌社区消费者知识分享的研究是一个比较早的课题，涉及的因素有很多，本研究从中国家文化视角，构建社会资本影响知识分享的机理分析框架，所得到的研究结论对在线品牌社区的发展具有一定的参考价值，但由于种种客观条件所限，加之自身能力有限，本研究不可避免地会存在一定的局限性。

（1）样本数据

本次样本数据选取调查的对象主要是在线品牌社区的成员，样本数量虽然不少，但由于采取的是问卷星的申请推荐服务，对样本对象无法进行严格的控制，不能保证每个调查对象均是来自指定的在线品牌社区，这些限制性因素在一定程度上会对实证结果的有效性产生影响。

（2）测量变量

本研究所使用的泛家意识来源于赵建彬（2016）所做的研究，他在研究中只提到了中国传统家庭文化的内容，在线品牌社区的泛家意识是否只包括安全感和情感归属，这需要更加规范的研究。此外，本研究没有系统开发泛家意识的测量量表，使用的泛家意识量表是对传统家意识所用测量量表的修正，数据结果表明，测量的信度和效度都很好，但希望以后可以开发出更加适用在线品牌社区泛家意识的量表。

因此，对于样本数据而言，需要对调查对象进行严格的控制，明确其所在的品牌社区是哪个，平时用什么账号登录等，进一步对研究假设作深入的理论论证及检验。针对泛家意识可以采用扎根理论方法对在线品牌社区活动的内容进行分析，得出更加可靠、准确和全面的结论，并开发出适合于在线品牌社区中的泛家意识量表。未来是否还可以找到其他的中介变量或调节变量影响在线品牌社区社会资本与消费者知识分享的关系，仍有待进一步探究。

参考文献

[1] ABDELMAJID, LIONEL. How does a virtual brand community emerge? Some implications for marketing research [D]. Paris: University Paris XII institute de recherche en gestion, 2004.

[3] ALBANESI C., Cicognani E., Zani B. Sense of community, civic Engagement and social well-being in italian adolescents [J]. Journal of community & applied social psychology, 2007, 17 (5): 387-406.

[4] ALGESHEIMER R., Dholakia U. M., Herrmann A. The social influence of brand community: evidence from European car clubs [J]. Journal of marketing, 2005, 69 (3): 19-34.

[5] BAGOZZI R. P. AND DHOLKIA U. M. Open source software user communities: a study of participation in linux user group [J]. Management science, 2006, 52 (7): 1099-1115.

[6] BANDURA A., CERVONE D. Self-evaluative and self-efficacy mechanisms governing the motivational effects of goal systems [J]. Journal of personality and social psychology, 1983, 45 (5): 1017-1028.

[7] BOCK G. W., ZMUD R. W., Kim Y. G., Lee, JN. Behavioral intention formation in knowledge sharing: examining the roles of extrinsic motivators, social-psychological forces, and organizational climate [J]. MIS quarterly, 2005 (29): 87-111.

[8] BOURDIEU P. The Form of Capital [M]. Oxford: Blackwell

Publishers Ltd, 1986.

[9] BUTLER B., L. Sproull, S. Kiesler, R. Kraut. Community effort in online groups: who does the work and why? [M]. London, uk: Leadership ata Distance, Lawrence Erlbaum Publishers, 2007.

[10] CARLSON B. D., SUTER T. A., BROWN T. J. Social versus Psychological Brand Community: the Role of Psychological Sense of Brand Community [J]. journal of business research, 2008, 61 (4): 284-291.

[11] CHE CHEN LIAO, PUI-LAI TO FANG-CHIH HSU. Exploring knowledge sharing in virtual communities [J]. Online Information Review, 2013, 37 (6): 891-909.

[12] CHIUC M., HSU M. H., WANG E. T. G. Understanding knowledge sharing in virtual communities: an integration of social capital and social cognitive theories [J]. Decision support systems, 2006, 42 (3): 1872-1888.

[13] CHIU-PING HSU. Effects of social capital on online knowledge sharing: positive and negative perspectives [J]. Online information review, 2015, 39 (4): 466-484.

[14] COLEMAN J. S. Foundations of Social Theory [M]. Cambridge, MA: Harvard University Press, 1990.

[15] CONNELLY C. E., KELLOWAY E. K. Predictors of employees' perceptions of knowledge sharing cultures [J]. Leadership & Organization development journal, 2003, 24 (5): 294-301.

[16] DAVENPORT T. H., PRUSAK L. Working knowledge: How organization manage what they know [M]. Cambridge, MA: Harvard Business Press, 1998.

[17] FEELEY T. H., MOON S., KOZEY R. S. An erosion model of

employee turnover based on network centrality [J]. Journal of applied communication research, 2010, 38 (2): 167-188.

[18] FERNBACK J., THOMPSON B. Virtual communities: abort, retry, failure?[C]. International Communication Association, Albuquerque, New Mexico, 1995.

[19] GEORGI D., MINK M. eCCIq: The quality of electronic customer-to-customer interaction [J]. Journal of retailing and consumer services, 2013, 20 (1): 11-19.

[20] HENDRIKS P. Why share knowledge? The influence of ICT on the motivation for knowledge sharing [J]. Knowledge and process management, 1999, 6 (2): 91-100.

[21] HOWARD RHEINGOLD. Virtual community: Homesteading on the electronic frontier [J]. Reading mass Addison-Wesley, 1993: 32-33.

[22] HSU M. H., CHIU C. M. Internet self-efficacy and electronic service acceptance [J]. Decision support systems, 2004, 38 (3): 369-381.

[23] HSU M. H., JU T. L., YEN C. H., et al. Knowledge sharing behavior in virtual communities: the relationship between trust, self-efficacy, and outcome expectations [J]. International journal of human-computer studies, 2007, 65 (2): 153-169.

[24] KOERNER A. F., FITZPATRICK M. A. toward a theory of family communication [J]. Communication theory, 2002, 12 (1): 70-91.

[25] KOH J., KIM Y. G. Knowledge sharing in virtual communities: an e-business perspective [J]. Expert systems with applications, 2004, 26 (2): 155-166.

[26] KOZINETS R. V. The field behind the screen: using netnography

for marketing research in online communities [J]. Journal of marketing research, 2002, 39: 61-72.

[27] LEWIN F. A. The meaning of home among elderly immigrants: directions for future research and theoretical development [J]. Housing studies, 2001, 16 (3): 353-370.

[28] LIN H. F. Determinants of successful virtual communities: contributions from system characteristics and social factors [J]. Information & management, 2008, 45 (8): 522-527.

[29] LIN N., COOK K. S., BURT R. S. Social capital: Theory and research [J]. Contemporary sociology, 2001, 31 (1): 3-29.

[30] MATHWICK C., WIERTZ C., RUYTER K. D. Social capital pro duction in a virtual p3 community [J]. Journal of consumer research, 2008, 34 (4): 832-849.

[31] MC NAMARA N., STEVENSON C., MULDOON O. T. Community identity as resource and context: a mixed method investigation of coping and collective action in a disadvantaged community [J]. Journal of community psychology, 2013, 43 (5): 393-403.

[32] MC ALEXANDER J. H., SCHOUTEN J. W. AND KOENIG H. F. building brand community [J]. Journal of marketing, 2002 (66): 38-54.

[33] MUNIZ A. M. JR, O' GUINN T. C. Brand community [J]. Journal of consumer research, 2001, 27 (4): 412-432.

[34] NAHAPIET J., GHOSHAL S. Social capital, Intellectual capital and the organizational advantage [J]. Academy of management review, 1998, 23 (2): 242-266.

[35] NEWMAN J. L., ROBERTS L. R. Concepts of family among chil-

dren and adolescents: effect of cognitive level, gender, and family structure [J]. Developmental psychology, 1993, 29 (6): 951-962.

[36] NIU G. Y. A game theory based analysis of the tacit knowledge sharing and incentive mechanism [J]. Advanced Materials Research, 2013, 601: 564-569.

[37] OLSON D. H., DE FRAIN J. Marriage and the Family: Diversity and Strengths (3rd ed.) [M]. US: Mayfield Publishing Co., 2000.

[38] PUTNAM R. D. Bowling alone: Americans declining social capital [J]. Journal of democracy, 1995: 6.

[39] RIDINGS C. M., GEFEN D., ARINZE B. Some antecedents and effects of trust in virtual communities [J]. Journal of strategic information systems, 2002 (11): 271-295.

[40] ROTHAERMEL F. T. AND SUGIYAMANB S. Virtual internet communities and commercial success: individual and community-level theory grounded in the atypical case of timezone. com [J]. Journal of management, 2001, 27 (3): 297-312.

[41] SENGE P. Sharing knowledge: the leader' s role is key to a learning culture [J]. Executive excellence, 1997, 14: 17-18.

[42] TSAI W., GHOSHAL S. Social capital and value creation: the role of intrafirm networks [J]. The academy of management journal, 1998, 41 (4): 464-476.

[43] TZOKAS N. AND SAREN M. Competitive advantage, knowledge and relationship marketing: where, what and how? [J]. Journal of business and industrial marketing, 2004, 19 (2): 124-135.

[44] VAN DEN HOOFF B. AND VAN WEENEN F. D. L. Committed

to share：commitment and CMC use as antecedents of knowledge sharing [J]. Knowledge and process management, 2004, 11 (1): 13-24.

[45] VAN DER VEEN F. The parents concept of the family unit and child adjustment [J]. Journal of counseling psychology, 1965, 12 (2): 196-200.

[46] WASKO M. M., FARA, J. S. It is what one does: why people participate and help others in electronic communities of practice [J]. Journal of strategic information systems, 2000, 9 (2-3): 155-173.

[47] WASKO M. M. L., Faraj S. Why should I share? Examining social capital and knowledge contribution in electronic networks of practice [J]. MIS quarterly, 2005: 35-57.

[48] WEIGEL D. J. The concept of family: an analysis of lay people's views of family [J]. Journal of family issues, 2008, 29 (11): 1426-1447.

[49] WELLMAN B., A. QUAN-HAASE, J. WITTE, K. N. Hampton, Does the Internet increase, decrease, or supplement social capital? Social networks, participation, and community commitment [J]. American behavioral scientist, 2001, 45 (3): 437-456.

[50] WIERTZ C., DE RUYTER K. Beyond the call of duty: why customers contribute to firm-hosted commercial online communities [J]. Organization Studies, 2007, 28 (3): 347-376.

[51] ZHOU Z. ZHANG Q. SU C. ZHOU N. How do brand communities generate brand relationships intermediate mechanisms [J]. Journal of business research, 2012, 65 (7): 890-895.

[52] [法]. 安德烈·比尔基埃，等. 家庭史 [M]. 上海：三联书店，1998.

[53] 白凯，符国群．“家”的观念：概念视角与分析维度［J］．思想战线，2013，39（1）：46-51.

[54] 陈蓓蕾．基于网络和信任理论的消费者在线口碑传播实证研究［D］．杭州：浙江大学，2008.

[55] 陈其南．中国人的家族与企业经营［M］．南京：江苏教育出版社，2006.

[56] 陈舜文．台湾民众的家庭价值观与工作态度［J］．应用心理研究（台湾），1999（4）：205-227.

[57] 储小平．中国家文化泛化的机制与文化资本［J］．学术研究，2003（11）：15-19.

[58] 丛中，安莉娟．安全感量表的初步编制及信度、效度检验［J］．中国心理卫生杂志，2004，18（2）：97-99.

[59] 崔静，翁璇．长尾理论视角下的网易云音乐定位分析［J］．视听，2018（9）：136-137.

[60] 崔丽娟，刘琳．大学生使用的心理因素研究［J］．心理科学，2008，31（1）：205-209.

[61] 崔婷．小米社区顾客体验的品牌忠诚度研究［J］．河南工程学院学报（社会科学版），2016，31（4）：20-25.

[62] 樊江春．中国微观组织中的“家族主义”［J］．新华文摘，1992（5）：46-49.

[63] 方晓义，徐洁，孙莉，等．家庭功能：理论、影响因素及其与青少年社会适应的关系［J］．心理科学进展，2004，12（4）：544-553.

[64] 费孝通．乡土中国［M］．北京：北京大学出版社，2012.

[65] 谷宁宁．浅析家文化对家族企业的影响［J］．甘肃农业，2006（4）：123.

[66] 韩婷．网易云音乐的体验营销策略研究［D］．哈尔滨：黑龙江大学，2018.

[67] 胡军，王霄，等．华人企业管理模式及其文化基础［J］．管理世界，2002（12）：104-113.

[68] 胡绍文．“家”字研究综述［J］．殷都学刊，2002（10）：97.

[69] 金立印．虚拟品牌社群的价值维度对成员社群意识、忠诚度及行为倾向的影响［J］．管理科学，2007（2）：36-45.

[70] 李枫林，周莎莎．虚拟社区信息分享行为研究［J］．图书情报工作，2011，55（20）：48-51.

[71] 李杰，李欢，杨芳，等．基于理论视角的虚拟社区知识分享研究综述［J］．情报科学，2018，36（5）：171-176.

[72] 李智娜．在线品牌社群中互动性对品牌忠诚度的影响研究［D］．上海：复旦大学，2011.

[73] 梁颖．家字之迷及其相关问题［J］．广西师范大学学报（哲社版），1996（4）：91-96.

[74] 刘海鑫，刘人境，李圭泉．社会资本、技术有效性与知识贡献的关系研究——基于企业虚拟社区的实证研究［J］．管理评论，2014，26（12）：10-19.

[75] 刘正才．中国家文化与华人企业治理模式［D］．上海：华东师范大学，2002.

[76] 罗家颖，胡家琦，全玉娟，等．互动问答虚拟社区持续知识分享影响因素［J］．电子测试，2018（20）：118-119.

[77] 罗琨，张永山．家字溯源［J］．考古与文物，1982（1）：75-79.

[78] 马鸿佳，张倩．创业团队社会资本、知识社会化与知识分享

关系研究［J］. 中国科技论坛，2014（5）：137-142.

［79］［美］默多克. 社会结构［M］. 台北：洪叶文化公司，1996.

［80］潘允康. 家庭社会学［M］. 重庆：重庆出版社，1986.

［81］戚璇. 中国企业中家文化结构、测量及其对员工态度影响研究［D］. 北京：中国人民大学，2008.

［82］沈振萍. 虚拟社区知识分享与用户满意度影响因素研究述评［J］. 图书馆研究与工作，2017（5）：44-50.

［83］唐至博. 网易云音乐虚拟社区感知对消费者购买意愿的影响研究［D］. 杭州：浙江工商大学，2019.

［84］王丹晖. 基于"互联网+"的实体企业俱乐部品牌化研究［D］. 济南：山东大学，2018.

［85］王菲. 利用虚拟社区扩大市场、提高成员忠诚的案例研究［D］. 困民：云南财经大学，2016.

［86］王虎. 小米公司的社群营销研究［D］. 南昌：江西财经大学，2017.

［87］王佳. 认同与忠诚：在线品牌社区社会资本对品牌的作用机制研究［D］. 武汉：武汉大学，2016.

［88］王玲玲. 试析兰蔻玫瑰社区的广告营销策略［J］. 东南传播，2012（11）：133-134.

［89］王娜. 虚拟品牌社区顾客参与服务创新研究［D］. 广州：华南理工大学，2013.

［90］王楠，张士凯，赵雨柔，等. 在线社区中领先用户特征对知识分享水平的影响研究——社会资本的中介作用［J］. 管理评论，2019，31（2）：82-93.

［91］徐长江，于丽莹. 虚拟社区公民行为在虚拟社区感与知识分

享意图间的中介作用：自我效能感的调节机制［J］．心理科学，2015，38（4）：923-927.

［92］徐冬莉，江若尘．关系资本、知识分享与虚拟社区忠诚的实证研究［J］．经济问题探索，2012（10）：143-149.

［93］徐艳琴．我国化妆品品牌虚拟社区的营销策略——以兰蔻玫瑰社区为例［J］．经营与管理，2016（8）：54-57.

［94］薛海波．网络中心性、品牌社群融入影响社群绩效的实证研究［J］．当代财经，2011（10）：73-81.

［95］薛海波，王新新．品牌社群创建的四个要素——以哈雷品牌社群为例［J］．经济管理，2008（3）：59-63.

［96］薛海波，王新新．品牌社群关系网络密度影响品牌忠诚的作用机制研究［J］．商业经济与管理，2011（8）：58-64.

［97］杨德睿．在家、回家——冀南民俗宗教对存在意义的追寻［M］．香港：香港樹仁大学当代中国研究中心，2010.

［98］杨国枢．家族化历程、泛家族主义及组织管理［M］．台北：远流出版公司，1998.

［99］杨勇．品牌社群发展策略研究［D］．重庆：重庆大学，2016.

［100］赵超．兰蔻品牌的美丽传奇［J］．企业改革与管理，2013（7）：65-67.

［101］赵亮，冯蒙朝，王瑞花．企业虚拟社区用户知识分享动机的演变机制研究［J］．情报理论与实践，2017，40（11）：96-100.

［102］赵建彬，景奉杰．在线品牌社群中的泛家意识以及前因和后效研究［J］．管理评论，2016，27（12）：88-97.

［103］张蒙，刘国亮，毕达天．多视角下的虚拟社区知识分享研究综述［J］．情报杂志，2017，36（5）：175-180.

［104］张鼐，周年喜．虚拟社区知识分享行为影响内素的实证研究［J］．图书馆学研究，2010（6）：44 -48.

［105］张鼐，周年喜．社会资本和个人动机对虚拟社区知识分享影响的研究［J］．情报理论与实践，2012，35（7）：56-60.

［106］张玉红．消费类虚拟社区顾客公民行为研究［D］．大连：大连理工大学，2013.

［107］赵越岷，李梦俊，陈华平．虚拟社区中消费者信息共享行为影响因素的实证研究［J］．管理学报，2010，7（10）：1490-1494.

［108］周志民．品牌社群形成机理模型初探［J］．商业经济与管理，2005（11）：74-79.

［109］周志民．基于品牌社群的消费价值研究［J］．中国工业经济，2005（2）：103-109.

［110］周志民，张江乐，熊义萍．内外倾人格特质如何影响在线品牌社区中的知识分享行为——网络中心性与互惠规范的中介作用［J］．南开管理评论，2014，17（3）：19-29.

［111］中国互联网络信息中心（CNNIC）．第 43 次中国互联网络发展状况统计报告［R］．2019.

［112］赵晓燕．虚拟品牌社群用户参与产品创新的机制研究［D］．南昌：江西财经大学，2018.

附　录　社会资本对在线品牌社区消费者知识分享的影响调查问卷

非常感谢您对本研究的参与和支持。这是一份普通的学术调查问卷，旨在研究“社会资本对在线品牌社区消费者知识分享的影响”，答案无对错之分，请您选择与实际情况最接近的选项。问卷调查采用匿名的方式进行，所得数据仅供科研之用，您个人的回答将会受到严格的保密，请放心作答。

在线品牌社区就是以网络为主要媒介的品牌社区，社区成员间主要通过品牌论坛、个人主页或博客等网络途径交流彼此的品牌体验和对品牌的态度。知识分享就是社区成员通过网络平台来发表对产品的见解、分享信息或获取资源。

若没有特别说明，本问卷都是单选题，请在相应的答案上打“√”。

谢谢您的合作！

第一部分　基市信息

1. 您的性别［单选题］［必答题］

○男　　　　○女

2. 您的年龄是［单选题］［必答题］

○13~18 岁　　　　○19~24 岁　　　　○25~30 岁

○31~40 岁　　　　○40 岁以上

3. 您的受教育程度是［单选题］［必答题］

○初中　○高中　○初中

○大学　○研究生

4. 您的月收入是［单选题］［必答题］

○ 无收入　○ <3000 元　○3001~5000 元

○5001~8000 元　○>8000 元

5. 您经常访问的在线品牌社区是［单选题］［必答题］

○手机类品牌社区（小米社区、华为的花粉俱乐部、苹果社区、魅族社区、vivo 的 v 粉、联想社区等）

○机动车类品牌社区（奇瑞新奇军社区、雪佛兰车友会、大众社区、别克社区、丰田社区、奥迪社区等）

○化妆品类品牌社区（兰蔻玫瑰社区、相宜本草唯伊社区等）

6. 您访问在线品牌社区的主要动机是［单选题］［必答题］

○分享知识　○ 获取信息　○ 互动聊天

7. 您访问在线品牌社区的频率是［单选题］［必答题］

○ 每天　○ 2~3 天　○ 4~5 天

○ 6~7 天　○7 天以上

8. 您加入在线品牌社区的时间为［单选题］［必答题］

○<6 个月　○ 6~12 个月　○ 1~2 年

○2~3 年　○3~5 年　○>5 年

第二部分 在线品牌社区社会资本对消费者知识分享的影响的测量

9. 网络密度 [矩阵单选题] [必答题]

	非常不同意	不同意	一般	同意	非常同意
(1) 我与社区内的部分成员维持着较强的联系	○	○	○	○	○
(2) 我花较多的时间与社区内的一些成员进行互动	○	○	○	○	○
(3) 我与社区内的一些成员有频繁的交流	○	○	○	○	○
(4) 社区内的成员经常就品牌、产品交换意见和看法	○	○	○	○	○

10. 网络中心性 [矩阵单选题] [必答题]

	非常不同意	不同意	一般	同意	非常同意
(1) 我在社区里是一个非常关键的人物	○	○	○	○	○
(2) 我与很多社区成员都有联系	○	○	○	○	○
(3) 在社区里我是一个活跃分子	○	○	○	○	○
(4) 在社区里我处在一个“中心”位置	○	○	○	○	○

11. 共同语言 [矩阵单选题] [必答题]

	非常不同意	不同意	一般	同意	非常同意
(1) 社区里有内部交流语言、行话	○	○	○	○	○
(2) 社区中的成员在讨论中使用能够使别人理解的方式	○	○	○	○	○
(3) 社区成员在发布信息时使用能够使别人理解的叙述方式	○	○	○	○	○

12. 共同愿景［矩阵单选题］［必答题］

	非常不同意	不同意	一般	同意	非常同意
(1) 社区成员拥有共同的愿景：愿意帮助他人解决问题	○	○	○	○	○
(2) 社区成员拥有共同的目标：围绕产品进行沟通交流	○	○	○	○	○
(3) 社区成员对品牌和社区的发展充满热情	○	○	○	○	○

13. 安全感［矩阵单选题］［必答题］

	非常不同意	不同意	一般	同意	非常同意
(1) 该社区成员是值得信赖的	○	○	○	○	○
(2) 在该社区我不会感到陌生	○	○	○	○	○
(3) 该社区能够让我放松	○	○	○	○	○
(4) 在该社区我觉得很安全	○	○	○	○	○
(5) 我的问题能在该社区得到解决	○	○	○	○	○

14. 情感归属［矩阵单选题］［必答题］

	非常不同意	不同意	一般	同意	非常同意
(1) 我对该品牌社区有一种家的感觉	○	○	○	○	○
(2) 我很愿意成为该社区的会员	○	○	○	○	○
(3) 我感觉该社区成员像我的家人一样	○	○	○	○	○
(4) 在该社区我们相处得非常融洽	○	○	○	○	○
(5) 在该社区我能得到尊重	○	○	○	○	○
(6) 在该社区我们能够相互关心	○	○	○	○	○

15. 自我效能［矩阵单选题］［必答题］

	非常不同意	不同意	一般	同意	非常同意
(1) 我对自己使用社区的能力有信心	○	○	○	○	○
(2) 我对自己使用社区工具发布信息的能力有信心	○	○	○	○	○
(3) 我对自己帮助社区其他成员的能力有信心	○	○	○	○	○
(4) 我对自己在社区讨论主题方面的知识、经验有信心	○	○	○	○	○

16. 知识分享［矩阵单选题］［必答题］

	非常不同意	不同意	一般	同意	非常同意
(1) 社区成员愿意互相分享他们的知识和经验	○	○	○	○	○
(2) 在讨论问题时，成员尽其所能地分享他们的观点和意见	○	○	○	○	○
(3) 成员们愿意尽其所能地回答其他成员的问题	○	○	○	○	○

索　引

A

安全感（4）

C

长尾效应（125）

F

泛家意识（2）

G

个人动机（19）

共同语言（4）

共同愿景（4）

关系性存在（2）

关系资本（14）

J

饥饿营销（65）

技术接受模型（13）

家居说（23）

家庙说（23）

家庭准则（8）

家文化思想（3）

家族说（23）

结构方程模型（4）

结构资本（4）

精准营销（139）

K

口碑动机（17）

N

内外倾人格特质（20）

P

品牌关系（2）

品牌价值（140）

品牌社区（1）

Q

期望确认理论（22）

嵌入理论（20）

情感归属（4）

情怀营销（74）

R

认知资本（4）

S

社会关系网络（11）

社会交换理论（17）

社会结构资源（13）

社会聚集体（9）

社会联结性（14）

社会认知理论（3）

社会资本（2）

社会资本理论（3）

社会组织说（23）

社会组织特征（14）

社区氛围（5）

社区关系（3）

社区营销（8）

社区忠诚（18）

声望机制有效性（21）

W

网络结构（14）

网络连带（14）

网络密度（4）

网络中心性（4）

X

消费社区（10）

行为理论（13）

Y

营销传播价值（2）

Z

知识创新（3）

知识分享（1）

知识分享的数量（15）

知识分享的质量（16）

知识贡献（12）

知识社会化（21）

知识寻求（12）

自我效能（3）